Überflieger

Herausgegeben von Christof Kehr

Wer neugierig ist auf andere Länder und ihre Menschen, der kommt um Sprachkenntnisse nicht herum. **Griechisch in letzter Minute** bietet den Einstieg für alle, denen ein ganzes Lehrbuch zu langwierig und ein herkömmlicher Sprachführer zu schematisch ist. Wer dieses Buch, nach Möglichkeit mit der dazugehörigen Cassette (rororo 9918), durcharbeitet, der erwirbt dank einer ausgefeilten Methode die Fähigkeit, sich in Griechenland zu verständigen. Informationen zum Alltagsleben und jede Menge praktischer Tips verkürzen den Weg zu der anderen Kultur. Das griechisch-deutsche Wörterbuch im Anhang hilft immer dann, wenn es Unverständliches zu entschlüsseln gilt.
Efi Anthopoulou hat Pädagogik in Köln studiert. Sie lebt in Chania auf Kreta und leitet eine Sprachschule für Neugriechisch und Deutsch.

In der Serie **Überflieger** sind bislang erschienen: Hanne Schönig/ Hatem Lahmar **Arabisch in letzter Minute** (9541/9542), Isabelle Jue/ Nicole Zimmermann **Französisch in letzter Minute** (9628/9629), Frida Bordon/Giuseppe Siciliano **Italienisch in letzter Minute** (9626/9627), Iain Galbraith/Paul Krieger **Englisch in letzter Minute** (9630/9631), Uwe Kreisel/ Pamela Ann Tabbert **American Slang in letzter Minute** (9623/9624), Christof Kehr **Spanisch in letzter Minute** (9526/9527), Karl-Heinz Scheffler **Türkisch in letzter Minute** (9688/9689), Elisabeth Völpel **Portugiesisch in letzter Minute** (9686/9687), Dorothee Bernhardt **Russisch in letzter Minute** (9797/9798), Roland Motz **Spanisch für Lateinamerika in letzter Minute** (9980/9981) und **Brasilianisch in letzter Minute** (9977/9978).

Originalausgabe
Veröffentlicht im Rowohlt Taschenbuch Verlag GmbH, Reinbek bei Hamburg, Mai 1997

Umschlaggestaltung **Susanne Müller**
Grafik-Konzept **Alexander Urban**
Layout **Téchnos LaRoche**
Satz **Frutiger und Adobe Garamond, PostScript Linotype Library, QuarkXPress 3.31 (Dolev 800)**
Druck und Bindung **Clausen & Bosse, Leck**
Printed in Germany
1290-ISBN 3 499 19917 3

Efi Anthopoulou

Griechisch

in letzter Minute

ÜBERFLIEGER

Ein Sprachführer für Kurzentschlossene

Rowohlt

rororo

Inhalt

Vorwort

Sprachforscher schätzen, daß es auf der Erde über 4000 eigenständige Sprachen gibt. Wer mehr als drei Fremdsprachen kann, der wird landläufig bewundert. Wer sich gar in mehr als zehn Fremdsprachen auszudrücken versteht, wird als Genie gehandelt. «Dem fliegt das halt zu», ist die gängige Erklärung. Doch Sprachen zu lernen ist – außer für Kinder – auch mit Arbeit verbunden. Wir glauben nicht an Zauberei beim Sprachenlernen – es sei denn, einer schnappt leicht auf und kann das Aufgeschnappte zuverlässig speichern. Der große Rest kommt um ein mehr oder minder intensives Training nicht herum.

Die **Überflieger**-Bände bieten einen schnellen ersten Zugang zu anderen Sprachen. Sie vermitteln das Allerwichtigste – das, was jeder in den ersten Tagen und Wochen sagen und verstehen muß, wenn er sich nicht stumm, taub und verunsichert durch das fremde Land bewegen möchte. Sie schleifen das notwendigste Wissen mit einer ausgefeilten Methode ein. Denn es genügt nicht, wie dies die Mehrzahl der Sprachführer tut, fertige Sätze und Wortlisten zu servieren. Die meisten Lernwilligen fühlen sich da zu Recht im Stich gelassen. Der Stoff muß gekaut und verdaut werden. Wer eine andere Sprache lernt, dem muß ein neues Wort etwa dreizehnmal begegnen, bis es in seinen aktiven Wortschatz eingeht. Den Weg dahin wollen wir für den Anfang verkürzen.

Griechisch in letzter Minute bringt Ihnen rund 300 Wörter und Wendungen bei. Es stellt sie in einen Zusammenhang, sorgt durch wiederholtes Üben dafür, daß sie sich einprägen, und gibt darüber hinaus noch nützliche Informationen und kulturelle Tips für den Aufenthalt in Griechenland.

Damit keine falschen Erwartungen aufkommen: Eine richtige Zeitung zu lesen oder sich über die gesellschaftliche Rollenverteilung von Mann und Frau zu unterhalten erfordert ein Sprachvermögen, das sich erst in Monaten oder Jahren einstellt.

Schlagen Sie die erste Lektion auf, schieben Sie, wenn möglich, die Cassette zum Buch ein, und legen Sie los. Scheuen Sie sich nicht, den Stoff dreimal oder viermal zu wiederholen. Und trauen Sie sich, die Aussprache etwas zu übertreiben – das hilft bestimmt.

Wenn Sie in Griechenland aus dem Auto, Bus, Zug, Schiff oder Flugzeug steigen, werden Sie anfangen zu verstehen und bald auch selbst verstanden werden. Viel Spaß dabei!

Für die hilfreiche und sachkundige Bearbeitung des Manuskripts möchten wir uns besonders bei Andrea Raab bedanken!

Christof Kehr

Gebrauchsanweisung

Vorab

Mit diesem Buch lernen Sie rund 300 Wörter und Wendungen, die in verschiedene Themen gepackt sind. Jedes Thema besteht aus drei Lektionen und einer Zusammenfassung zum Wiederholen und Vertiefen.

Blättern Sie das ganze Buch einmal durch, und machen Sie sich den Aufbau klar:

1. Fünf Themen mit fünfzehn Lektionen
2. Lösungen der Übungen und Tests
3. Hinweise zu Aussprache und Alphabet
4. Kurzgrammatik
5. Wörterbuch Griechisch–Deutsch

Die Bedeutung der Zeichen

1-15

Diese Zahlen stehen für die einzelnen Lektionen. Planen Sie für jede Lektion einen Tag. Nach ungefähr zwei Wochen sollten Sie also den wichtigsten Lernstoff des Buches durchgearbeitet haben. Selbst wenn Sie dann nicht alles aktiv beherrschen, werden Sie das meiste doch wiedererkennen und verstehen.

Nach drei Lektionen wird das neu Gelernte vertieft, ergänzt und abgefragt. Das (Z) steht für Zusammenfassung.

Lernen läuft nicht nur übers Lesen, sondern auch übers Hören. Was den einen Lerntyp vom anderen unterscheidet, ist die Gewichtung: mehr Lesen oder mehr Hören. Wir bieten beide Möglichkeiten, denn zum Buch gibt es die Cassette. So kann jeder selbst wählen, ob er Wörter und Dialoge zuerst liest oder hört. Als Hörverständnis-Training gibt es immer Übungen auch von der Cassette.
Wenn Sie keine Cassette zur Hand haben, dann treiben Sie einen Muttersprachler oder einen Sprachkundigen auf, der Ihnen ordentlich vorspricht.

In den Kästchen mit der Glühlampe finden Sie Mechanismen, nach denen bestimmte Elemente der Sprache (Verben, Mehrzahl, Artikel ...) funktionieren. Wir haben bewußt auf grammatikalischen Ballast verzichtet. Nicht, daß Grammatik überflüssig wäre: Wenn Erwachsene eine Fremdsprache lernen, dann hilft die Grammatik dabei, das System der anderen Sprache schneller zu begreifen. Sie sollen sich hier aber vor allem im Kommunizieren (sich mitteilen, verstehen, in einer bestimmten Situation etwas ausdrücken ...) üben. Wer tiefer in die Grammatik einsteigen möchte, der findet im Anhang eine Übersicht mit den wichtigsten Regeln.

Das Kästchen mit dem Koffer steht für «Kulturgepäck». Gemeint ist die Alltagskultur. Hier finden Sie hilfreiche Informationen für einen Aufenthalt in Griechenland und für den Zugang zu Land und Leuten.

Gebrauchsanweisung

Der Aufbau der Lektionen

Lesen

Am Anfang steht ein deutscher Text zum **Lesen** mit wissenswerten Informationen rund um das Thema.

Lernen

Unter **Lernen** folgen die bisher unbekannten Wörter mit ihrer Übersetzung. Hören Sie sich die Wörter nach Möglichkeit auf der Cassette an, und sprechen Sie sie nach. Wiederholen Sie das ein paarmal, damit Sie sich die meisten Wörter einprägen.

Reden

Sie verstehen jetzt die neuen Wörter und nehmen sich im Abschnitt **Reden** die Dialoge vor. Kinderleicht, denn es kommt ja nichts Neues, dafür stehen die Wörter aber im Zusammenhang, gerade so, wie sie einem meist begegnen. Hören Sie die Dialoge ein paarmal an, und lesen Sie sie, prägen Sie sich dabei die Wendungen ein, die für die jeweilige Situation wichtig erscheinen.

Üben

Unter dem Stichwort **Üben** steht, was dieses Buch von anderen Sprachführern unterscheidet. Sie werden nicht mit Wörtern, Sätzen und Dialogen allein gelassen, sondern haben Gelegenheit, den auf das Allerwichtigste beschränkten Stoff einzuüben, geradeso wie in einem dicken Lehrbuch. Die mit einem Cassetten-Symbol gekennzeichneten Übungen können Sie wahlweise mit Buch oder Cassette ausführen.

Die Zusammenfassung der Themen

Alle Wörter

Hier finden Sie, verschnürt in kleine Portionen zum Pauken, alle Wörter der drei letzten Lektionen, diesmal andersherum: deutsch–griechisch.

Service

Diese Seite bietet eine schrittweise Heranführung an das griechische Alphabet.

Hier fehlt's

Der Lückentext bringt noch einmal einen Querschnitt der Dialoge mit auszufüllenden Lücken.

Hier steht's

Dieser Text enthält alles, was im Lückentext fehlt. Sie können sich diesen Dialog auch von der Cassette anhören und dann die Lücken ausfüllen.

Prüfstand

Zum Abschluß gibt es einen Wiederholungstest, der nochmals den wichtigsten Lernstoff abfragt und einschleift. Wenn Sie gut abschneiden wollen, dann müssen Sie auch die **Lesen**-Texte am Anfang der Lektionen aufmerksam durchlesen, sie werden nämlich ebenfalls abgefragt.

Das Angebot im Anhang

Kurzgrammatik

Die **Kurzgrammatik** ist für alle, die es genauer wissen wollen, die ein Minimum an Theorie brauchen, um gezielter zu lernen. Man kann hier nachschlagen, wie zum Beispiel die Mehrzahl gebildet, wie ein Verb konjugiert oder ein Befehl ausgedrückt wird. Das Wichtigste an Theorie ist aber in den jeweiligen Lektionen schon erklärt.

Schlüssel

Der **Schlüssel** bringt die Lösungen aller Übungen und Tests und dient der Selbstkontrolle.

Wörterbuch

Das **Wörterbuch** enthält, über die in den Lektionen gelernten Vokabeln hinaus, unbekannte Wörter, die Ihnen auf Schildern, Speisekarten, in Zeitschriften, auf Tickets, Reklametafeln, in den Medien oder wo auch immer begegnen mögen.

Kalós írthate

Willkommen

Willkommen, *kalós írthate*, in dem Land, das von Land und Meer umarmt wird, bald feindlich, bald liebevoll. Diese Umarmung – Balkan, Mittelmeer, Adria und Ägäis – hat ihre Natur, Kultur, Geschichte und ihre Menschen hervorgebracht. Kein anderes Land in der EU wirkt so gegensätzlich wie Griechenland: wahre Perlen antiker Architektur neben modernen Bausünden, orientalisch anmutende Basare neben glitzernden Ladenpassagen. Eine brodelnde Mischung aus mitteleuropäischer Korrektheit, anatolischer Gelassenheit und balkanischer Strenge. Das Geschäftige der Großstädte ist ein aufregender Kontrapunkt zu den stillen Landschaften. Das spiegelt sich in den Menschen wider, den Städtern, den Bauern und den Seeleuten.

Über ein Drittel der neun Millionen Griechen drängt sich in Athen zusammen. Der Ruhm der Stadt, die in der Antike unter dem Schutz der Göttin Athene stand, das klare Licht und die reine Luft – das alles gehört längst der Vergangenheit an. Am Ende des 20. Jahrhunderts ist Athen geprägt von häufigem Smogalarm, endlosen Verkehrsstaus, planloser Bebauung: trostlose Betongebirge, aus deren Gipfelketten und Straßenschluchten die Akropolis schwer angeschlagen herausragt.

Dennoch bleibt die Metropole ein Erlebnis, das ebenso zu Griechenland gehört wie das abgelegene Bergdorf oder die winzige Insel. Athen streckt sich wie ein Riesenpolyp aus, bis Pentelis, bis Eleusis und bis zum Hymettos, Dorf und Weltstadt in einem. Asphaltierte Boulevards, gekreuzt von ungeteerten Landstraßen, kümmerliche Baracken neben strotzenden Hochhäusern. Eine Viertelstunde weiter in den Geschäftsstraßen die glanzvollen Auslagen der Boutiquen, die alles anbieten, womit die moderne Zivilisation uns überwältigt. Wieder ein paar Schritte weiter die alte Geschichte: Der ausgedehnte Ausgrabungsbezirk – ein ganzes Stadtviertel – liegt nahe zur Plaka, der Altstadt von Athen. Von hier aus ist die bedeutendste Attraktion Griechenlands zu besteigen: die Akropolis.

Griechenland außerhalb der Hauptstadt heißt: geheimnisvolle Landschaften, bewegte See, eigenwillige Inseln. Wer mit unbefangenem Auge kommt, der findet die zu Recht gerühmte Gastfreundschaft: eine intime Kultur des Herzens, Ignorieren der Zeit, schöpferische Muße, aber auch unersättlich-unkritische Gier nach Neuem, Fernem und Fremdem.

Der Universalgruß

Jiássas - jiássou, Mehrzahl und Einzahl, ist nicht distanziert, aber höflich. Es paßt zu jeder Tageszeit, beim Begrüßen und beim Abschied. Wer Abwechslung sucht, sagt statt dessen:

kaliméra	guten Morgen
chérete	guten Tag
kalispéra	guten Abend

Der Gute-Nacht-Gruß ist nicht ersetzbar, man sagt: kaliníchta

Anrede

Junge Leute bis etwa 25 Jahre kann man höflich mit *Dhespinís* (Fräulein) bzw. *nearé* (junger Mann) anreden. Das Wort *Dhespinís* ist nicht die Verkleinerung von Frau auf deutsch! Die Anrede für ältere *Kiría* (Frau) und *Kírie* (Herr) ist für Leute, die man nicht kennt, oder verheiratete. Bei Freunden benutzt man den Namen im Vokativ, z. B. *María*, *Jíorgo* usw.

chérete *guten Tag*
pós ssás léne? *wie heißt ihr?*
me léne *ich heiße*
essás *Ihnen*
jiá *hallo*
jiássou *grüß dich*
ti kánis? *wie geht's?*
óchi, polí kalá *nicht sehr gut*
polí kalá *sehr gut*
stó kaló *mach's gut*
kalispéra *guten Abend*
efcharistó *danke*
esséna *dir*
ké *und, auch*
essís *Ihnen, ihr*
ke eména *ich auch*

Ausdrucksformen

Wenn die Griechen verneinen möchten, schütteln sie nicht den Kopf, sondern heben ihn in die Höhe und nach hinten, indem sie mit bedeutungsvollem Blick die Stirn in Falten legen. Sie werden ein bißchen Zeit brauchen, bis Ihnen diese Geste als ein «Nein» selbstverständlich wird.

Modesprache – «kalá íse?»

Es bedeutet: Geht es dir gut?, wird aber meist wie «hallo» gebraucht. Junge Leute mögen es international. Anstelle von «jiássou» (tschüs) sagen sie auch «bye» oder «ciao».

1 Reden

Begrüßung und Abschied

Chérete. Pos ssas léne?	*Guten Tag. Wie heißen Sie?*
Me léne María. Essás?	Ich heiße Maria. Und Sie?
Me léne Pétro.	*Ich heiße Petro.*

Jiá.	Hallo.
Jiássou, ti kánis?	*Grüß dich, wie geht's?*
Óchi, polì kalá.	Nicht sehr gut.
Pos sse léne?	*Wie heißt du?*
Me léne Sophía.	Ich heiße Sophia.
Jiássou.	*Tschüs.*
Jiássou. Sto kaló.	Tschüs. Mach's gut.

Kalispéra.	Guten Abend.
Chérete. Ti kánete?	*Guten Tag. Wie geht es euch?*
Polí kalá. Efcharistó.	Danke. Sehr gut.
Pos ssas léne?	*Wie heißen Sie?*
Me léne Níko. Esséna?	Ich heiße Niko. Und du?
Me léne Ríta.	*Ich heiße Rita.*
Jiássou, Ríta.	Auf Wiedersehen, Rita.
Jiássou.	*Tschüs.*

Ti kánete?	Wie geht es Ihnen?
Kalá. Efcharistó. Ke essís?	*Gut, danke. Und Ihnen?*
Polí kalá.	Sehr gut.

Pos sse léne?	Wie heißt du?
Me léne Margaríta. Esséna?	*Ich heiße Margarita. Und du?*
Vasíli. Ti kánis Margaríta?	Vasilis. Wie geht's, Margarita?
Óchi, polí kalá.	*Nicht sehr gut.*

Jiássou. Pos sse léne?	Grüß dich. Wie heißt du?
Dhimítris. Ke esséna pos sse léne?	*Dhimitris. Und wie heißt du?*
Ke eména me léne Dhímitra.	Ich heiße auch Dhimitra.

1. Wie lautet die richtige Antwort?

1. Ti kánete?
a Jiássas.
b Polí kalá.

2. Pos ssas léne?
a Me léne Sophía.
b Jiássou.

3. Ti kánis?
a Efcharistó.
b Óchi, polí kalá.

4. Pos ssas léne?
a Polí kalá.
b Me léne Vasíli.

2. Wie sagen es die Griechen?

1. Wie geht es Ihnen?
2. Ich heiße Maria.
3. Tschüs, mach's gut.
4. Wie heißen Sie?
5. Danke, sehr gut.
6. Hallo, wie geht's?

3. Was gehört zusammen?

1. óchi polí kalá
2. efcharistó
3. ti kánis
4. jiássou
5. sto kaló

a mach's gut
b wie geht's
c danke
d nicht sehr gut
e hallo

4. Was fehlt?

1. Pos ssas ....?
2. Sto ....
3. Óchi polí ....
4. Ti kánis? .... kalá, efcharistó.
5. Me .... Sophía.

5. Sagen Sie es etwas familiärer

1. Ti kánete?
2. Jiássas.
3. Jiássou.
4. Polí kalá, efcharistó.
5. Kalispéra.

Hallo und guten Tag

Die Begrüßung ist eines der wichtigsten Rituale im gesellschaftlichen Leben Griechenlands. Mit einem einfachen *jiássou, ti kánis?* beginnt der Tag. Das heißt: «Hallo, wie geht's?» Selbstverständlich grüßen die Griechen sogar Leute, die sie nicht gut kennen oder die sie vielleicht erst einmal gesehen haben. So kommt man schnell ins Gespräch; lebhafte Beispiele griechischer Begrüßungsfreude bieten die Plätze und natürlich die Cafés. Der Stadtmensch, den es in die ungewohnte Umgebung eines Dorfes verschlagen hat, findet daher schnell Kontakt, wenn er nur das Café aufsucht und die Bauern begrüßt: *jiássas ti kánete?* – «Hallo, wie geht es Ihnen?» Und wenn er dann eingeladen wird, auf einen Kaffee oder einen Schnaps, dann muß er selbstverständlich annehmen – wenn er die Einheimischen nicht beleidigen will…

Der erste und letzte Kontakt

Auch die Tageszeiten teilt der Grieche mit seinem Gruß ein: *kaliméra* – guten Morgen – das gilt bis 12 Uhr mittags; danach gilt ein allgemeines *jiássou* (deine Gesundheit, Ihre Gesundheit); erst um 20 Uhr beginnt der Abend, dann heißt der Gruß *kalispéra!*, guten Abend eben. Erst kurz vor dem Gang ins Bett kommt es zum endgültigen Abschied vom Tag, mit dem Gruß *kaliníchta*, gute Nacht.
Alte und schöne Grüße sind *óra kalí* oder *chérete*, die man eher auf dem Land als in der Stadt hört. *Jiachará* ist beliebt bei den jüngeren Stadtbewohnern, und mit *antío* (adjeu) verabschiedet man eigentlich nur jemanden, den man vermutlich nicht wiedersehen wird – einen Touristen etwa.

Der Kuß als Begrüßung

Der Kuß auf die Wangen zur Begrüßung oder zum Abschied ist eigentlich nur unter Freunden üblich; und auch hier gilt: Die Männer küssen sich selten, Frauen tun es oft und gerne unter sich, oft mehrmals am Tag. Bei großen Festen, beispielsweise nach der Mitternachtsmesse am Ostersamstag, ist es dagegen durchaus im Rahmen, auch einen Fremden zu küssen.

> Wenn Sie nach den ersten zaghaften Worten mit einem Ihnen unverständlichen Wortschwall überschüttet werden, hilft nur eines: *Oríste dhén katálawa* – wie bitte? Ich habe nicht verstanden.

íste *Sie sind, ihr seid*

apó *aus, von*

tin Elládha *aus Griechenland*

ne *ja*

íme *ich bin*

miláte? *sprechen Sie, sprecht ihr?*

jiermaniká *deutsch*

líja *ein wenig*

apó pou *woher*

katalawéno *ich verstehe*

angliká *englisch*

elliniká *griechisch*

móno *nur*

jalliká *französisch*

egó *ich*

Aussprache

Die zwei griechischen th-Laute gibt es im Deutschen nicht. Das stimmlose «th» (das *thíta*) klingt wie im englischen Wort «think» (z. B. *Athína*), das weichere «dh» (das *dhélta*) wie in «that» (z. B. *Dhanái*).
Es gibt ein stimmhaftes «s» (das *zíta*) wie im deutschen Wort «Rose» und ein stimmloses «s» (das *sígma*) wie in «Knossos».

ich, du & Co

egó	ich	emís	wir
essí	du	essís	ihr / Sie
avtós	er	avtí	sie (mask.)
avtí	sie	avtés	sie (fem.)
avtó	es	avtá	sie (neutr.)

ego, essi etc. kann man auf Griechisch weglassen. Wenn es doch steht, dann um besonders zu betonen, wer etwas tut.

Länderkunde

Jiermanía	Deutschland	apó tin Jiermanía	aus Deutschland
Avstría	Österreich	apó tin Avstría	aus Österreich
Elwetía	Schweiz	apó tin Elwetía	aus der Schweiz
Jallía	Frankreich	apó tin Jallía	aus Frankreich
Anglía	England	apó tin Anglía	aus England
Italía	Italien	apó tin Italía	aus Italien
Amerikí	Amerika	apó tin Amerikí	aus Amerika
Elládha	Griechenland	apo tin Elládha	aus Griechenland

Sich vorstellen

Jiássas, pos ssas léne?	Guten Tag, wie heißen Sie?
Me léne Níko Kosonáki.	*Ich heiße Niko Kosonaki.*
Iste apó tin Elládha?	Sind Sie aus Griechenland?
Ne, íme apó tin Elládha.	*Ja, ich bin aus Griechenland.*
Miláte jiermaniká?	Sprechen Sie Deutsch?
Líja. Ke katalawéno líja angliká.	*Ein wenig. Und ich verstehe ein wenig Englisch.*

Apó pou íste? Apó tin jiermanía?	Woher sind Sie? Aus Deutschland?
Óchi, íme apó tin Avstría.	*Nein, ich bin aus Österreich.*
Miláte elliniká?	Sprechen Sie Griechisch?
Líja. Ke essís miláte jiermaniká?	*Ein wenig. Und Sie sprechen Deutsch?*
Óchi, móno angliká.	Nein, nur Englisch.

Apó pou íste?	Woher sind Sie?
Íme apó tin Elládha. Ke essís?	*Ich bin aus Griechenland. Und Sie?*
Íme apó tin Amerikí.	Ich bin aus Amerika.
Miláte elliniká?	*Sprechen Sie Griechisch?*
Ne, líja.	Ja, ein wenig.
Miláo jalliká ke jiermaniká.	*Ich spreche Französisch und Deutsch.*
Ke egó katalawéno líja jiermaniká.	Ich verstehe auch ein wenig Deutsch.

Üben

(2)

1. Antworten Sie auf die Frage

1. Miláte elliniká? Ne, ...
2. Miláte jiermaniká? Óchi, ...
3. Katalawénete elliniká? Ne, ...
4. Iste apó tin Jiermanía? Óchi, ...

2. Sagen Sie es auf Griechisch

1. Deutschland. **2.** Griechenland. **3.** Ich heiße. **4.** Schweiz. **5.** Wo? **6.** Guten Tag. **7.** Verstehen Sie? **8.** Ein wenig. **9.** Ich bin aus Griechenland.

3. Hier fehlt etwas

1. Jiássas, pos ssas ....?
2. Apó .... íste?
3. .... elliniká?
4. .... jiermaniká?
5. .... apó tin Jiermanía.

4. Wie lautet die richtige Antwort?

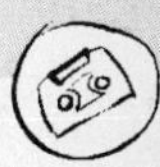

1. Íste apó tin Elládha?
a Líja.
b Ne, íme apó tin Elládha.

2. Pos ssas léne?
a Íme apó tin Avstrìa.
b Me léne Eléni.

3. Miláte Jiermaniká?
a Ne, líja.
b Íme ke egó apó tin Elwetía.

4. Katalawénete elliniká?
a Ime apó tin Amerikí.
b Ne, polí kalá.

5. Beantworten Sie die Frage

1. Jiássas, pos ssas léne?
2. Íste apó tin Avstría?
3. Miláte jiermaniká?
4. Dhén katalawénete elliniká?
5. Katalawénete líja elliniká?

3 Lesen

Berufswelt – Männerwelt

Den Beruf eines Griechen von seinem Gesicht ablesen zu wollen ist vergebliche Mühe. Der Beruf ist für ihn keine Haut, er ist ein Hemd, das er je nach Umstand, Laune und Bedarf wechselt. Zunächst ist er immer Sokrates, Aristoteles, Aristophanes, der seine Freiheit hütet und seine Zeit. Deshalb braucht man sich nicht zu wundern, wenn alles sehr lang dauert. Organisation und minutiöse Planung sind den Griechen Fremdwörter.

Eine klassische Szene: Man wartet in der Schlange auf einer Behörde oder einer Bank, und der Beamte führt ein Telephongespräch mit seinem Kind oder mit einer Freundin. Vielleicht wird er von einem Wartenden durch einen kleinen Protest unterbrochen, aber er läßt sich nicht nervös machen. Irgendwann ist man endlich an der Reihe, dann heißt es lapidar : «Kommen Sie morgen wieder, es ist Feierabend!» In allen Ämtern arbeiten nur Beamte, keine Angestellten; sogar die Putzfrau ist Beamtin. Und bis ein Grieche Beamter wird – das ist der Traumberuf der Mehrheit, weil er gleichbedeutend ist mit Nichtstun –, muß er Vitamin B spielen lassen. Ohne Beziehungen kommt keiner zum Vater Staat.

Auf der nichtstaatlichen Ebene sieht es mit der Arbeitsmoral ein bißchen besser aus. Als Angestellter lebt man mit der Unsicherheit, gekündigt zu werden, und so bekommt die eigene Initiative ein anderes Gewicht. Immer aber wird die Arbeit streng vom Vergnügen getrennt.

Auf dem Land arbeiten über 90 Prozent der Frauen, in der Stadt sind es weit weniger. Immer aber erledigen ausschließlich die Frauen den Haushalt. Handwerkliche Berufe wie Automechaniker oder Müllmann sind den Männern vorbehalten, daneben gibt es Berufe, die nur oder überwiegend von Frauen ausgeübt werden: Kindergärtnerin, Lehrerin, Kindermädchen, Putzfrau, Sekretärin oder Krankenschwester. Frauen werden für die gleiche Arbeit oft schlechter bezahlt als ihre männlichen Kollegen. Und nach Feierabend herrscht das gewohnte Bild vor: Frau kümmert sich um Haushalt und Kinder, Mann erholt sich von der Strapaze eines langen Arbeitstages.

«Sie» und «ihr»

«Essís» ist deutsch sowohl «ihr» als auch «Sie»
Miláte elliniká? Sprechen Sie Griechisch? / Sprecht ihr Griechisch?

Pió íne to epángelma ssas? *Was sind Sie von Beruf?*

epángelma *Beruf*

michanikós *Ingenieur(in)*

fitítria *Studentin*

i ssísijos ssas *Ihre Ehefrau*

mou *mein, meine*

i dhaskála *Lehrerin*

Íste jiatrós? *Sind Sie Arzt (Ärztin)?*

dhen *nicht*

ti *was*

fititís *Student*

polí endhiaféron *sehr interessant*

o ssísijos ssas *Ihr Ehemann*

o dháskalos *Lehrer*

o jiós ssas *Ihr Sohn*

i kóri ssas *Ihre Tochter*

íme – ich bin, *íse* – du bist

egó íme	ich bin	emís ímaste	wir sind
essí íse	du bist	essís iste	ihr seid, Sie sind
avtós íne	er ist	avtí íne	sie sind (mask.)
avtí íne	sie ist	avtés íne	sie sind (fem.)
avtó íne	es ist	avtá íne	sie sind (neutr.)

Vorname und Kosename

Efstathía	Efí	Nikólaos	Níkos
Ekateríni	Kateréna	Ewanthía	Ewa
Ioánnis	Jiánnis	Margarítha	Rita
Emmanouíl	Manólis	Stilianós	Stélios
Konstantínos	Kóstas	Ewangelía	Lítza
Sofronía	Sophía	Dimítros	Mítzos
María	Méri	Theothóra	Dóra
Aléxanthros	Alékos		

mein und dein

mou	mein, meine	mas	unser, unsere
ssou	dein, deine	ssas	euer, euere
tou	sein, seine	tous	ihre
tis	ihr, ihre		

moú, ssoú steht immer hinter dem Hauptwort:

o jiós mou	mein Sohn
i kóri ssou	deine Tochter

3 Reden

Bekanntschaften

Pió íne to epángelma ssas?	Was sind Sie von Beruf?
Íme michanikós. Ke essís?	*Ich bin Ingenieur. Und Sie?*
Íme fitítria. Ke i ssísijos ssas?	Ich bin Studentin. Und Ihre Ehefrau?
I ssísijos mou íne dhaskála.	*Meine Ehefrau ist Lehrerin.*

Íste jiatrós?	Sind Sie Arzt?
Óchi, dhén íme.	*Nein, bin ich nicht.*
Ti? Dhen íste jiatrós?	Was? Sie sind kein Arzt?
Óchi, dhen íme.	*Nein, bin ich nicht.*
Pió íne to epángelma ssas?	Was sind Sie von Beruf?
Íme fititís.	*Ich bin Student.*
Polí endhiaféron.	Sehr interessant.

Íne o ssísijos ssas michanikós?	Ist Ihr Ehemann Ingenieur?
Ne íne. Ke i ssísijos ssas?	*Ja, ist er. Und Ihre Ehefrau?*
I ssísijos mou íne dhaskála.	Meine Ehefrau ist Lehrerin.
Íne endhiaféron epángelma?	*Ist es ein interessanter Beruf?*
Ne, polí endhiaféron.	Ja, sehr interessant.

Íne o jiós ssou fititís?	Ist dein Sohn Student?
Óchi, dhen íne fititís.	*Nein, er ist nicht Student.*
Ke ti íne?	Und was ist er?
Dháskalos.	*Lehrer.*
Dháskalos?	Lehrer?
Ke i kóri ssou?	*Und deine Tochter?*
I kóri mou íne fitítria.	Meine Tochter ist Studentin.
Katalawéno.	*Ich verstehe.*

Männerberufe?

Manche Berufe haben nur eine männliche Endung, weil sie früher eher von Männern ausgeübt wurden. Solche Berufe sind:

o jiatr-ós	der Arzt
i jiatr-ós	die Ärztin
o michanik-ós	der Ingenieur
i michanik-ós	die Ingenieurin
o dhikijór-os	der Rechtsanwalt
i dhikijór-os	die Rechtsanwältin
o epistímon-as	der Wissenschaftler
i epistímon-as	die Wissenschaftlerin

üben (3)

1. Antworten Sie auf die Frage

1. Íste jiatrós? — Ne, ...
2. Pió íne to epángelma ssas? — Íne ....
3. Íne endhiaféron to epángelma tou? — Ne, ...
4. Íne i ssísijos ssas nossokóma? — Óchi, ...

2. Wie heißt es auf deutsch?

1. epángelma. **2.** íne endhiaféron. **3.** íme michanikós. **4.** i ssísijos. **5.** o jiós mou. **6.** i kóri mou.

3. Was fehlt?

1. Pió .... to epángelma ssas?
2. I ssísijos mou .... dhaskála.
3. .... fititís.
4. .... dháskalos?
5. .... i María nossokóma?

4. Welches Wort paßt nicht in die Reihe?

1. Pió íne to ssou epángelma ssas?
2. Íme ssísijos fitítria.
3. Óchi, dhen ne íme.
4. Íne ssas endhiaféron.

5. Sagen Sie's auf Griechisch

1. Was sind Sie von Beruf? **2.** Ich bin Ingenieur. **3.** Meine Ehefrau ist Lehrerin. **4.** Es ist interessant.

Ⓩ

Alle Wörter

Begrüßung & Abschied

guten Tag
jiássas ,chérete

tschüs
jiássou

hallo
jiá

mach's gut
sto kaló

auf Wiedersehen
antío, jiássas

wie geht's?
ti kánis?

guten Abend
kalispéra

wie geht es Ihnen?
ti kánete?

guten Morgen
kaliméra

wie heißen Sie?
pos ssas léne?

Beruf & Familie

Beruf
epángelma

Sekretärin
jramatéas

Student
fititís

Sohn
jiós

Ingenieur
michanikós

Tochter
kóri

Arzt
jiatrós

Ehemann
ssísijos

Lehrer
dháskalos

Lehrerin
dhaskála

Kranken-schwester
nossokóma

Rechtsanwalt
dhikijóros

Geographie

Deutschland
Jiermanía

Österreich
Avstría

Griechenland
Elládha

Schweiz
Elwetía

Frankreich
Jallía

Amerika
Amerikí

England
Anglía

Italien
Italía

deutsch
jiermaniká

griechisch
elliniká

Verb & Co

Wie heißen Sie?
Pós ssas léne?

ich verstehe nicht
dhen katala-wéno

Wie heißt du?
Pos se léne?

ich spreche deutsch
miló jiermaniká

ich heiße
me lené

sprechen Sie Griechisch?
miláte elliniká?

Kleine Wörter

nicht sehr gut
óchi polí kalá

nein
óchi

sehr gut
polí kalá

auch
ke, akóma

und
ke

nicht
dhen

ja
ne

ein wenig
líja

mein, meine
mou

wie
pos

dein, deine
ssou

woher
apó pou

Zum Üben der Buchstaben bedecken Sie immer zuerst die Spalten mit Umschrift und Übersetzung mit einem Blatt. Sprechen Sie das gelesene Wort laut aus, und kontrollieren Sie dann erst, ob Sie es richtig entziffert haben.

alle Vokale aus dem Alphabet

Α α	**A a**
Ε ε	**E e**
Ι ι	**I i**
Ο ο	**O o**
Υ υ	**I i**
Ω ω	**O o**

Das können Sie auf Anhieb lesen

μαμά	**Mamá**	*Mama*
έλα	**éla**	*komm*
ήλιος	**ílios**	*Sonne*
ο	**o**	*der*
η	**i**	*die*
κνωσός	**knossós**	*Knossos*
πολύ	**polí**	*sehr*
καλά	**kalá**	*gut*
ελληνικά	**ellinikál**	*griechisch*
πως	**pos**	*wie*

Sätze und Wortverbindungen

η μαμά	**i mamá**	*Mama*
ο ήλιος	**o ílios**	*Sonne*
έλα μαμά	**éla mamá**	*komm, Mama*
πολύ καλά	**polí kalá**	*sehr gut*
πως σε λένε	**pós se léne?**	*wie heißt du?*
μιλάω ελληνικά	**miláo ellinikál**	*ich spreche griechisch*

Heiteres Beruferaten

μηχανικός	**michanikós**	*Ingenieur*
γιατρός	**jiatrós**	*Arzt*
δικηγόρος	**dhikijóros**	*Rechtsanwalt*
νοσοκόμα	**nossokóma**	*Krankenschwester*

Namen

Κατερίνα	**Katerína**	Σπύρος	**Spíros**
Γιάννης	**Jiannis**	Αννα	**Anna**
Μαρία	**María**	Εφη	**Efi**
Νίκος	**Níkos**	Τάκης	**Tákis**

Hier fehlt's

Lesen Sie sich die Dialoge durch, und tragen Sie die fehlenden Wörter ein. Wenn Sie nicht mehr weiterwissen, dann dürfen Sie auf der nächsten Seite spicken:

Sinántissis

Chérete. .... léne María Pánou. Essás .... ssas léne?
Mé léne Níko Vláchou. Apó pou ....?
Íme apó tin Elládha. Ke essís?
Ke egó .... apó tin Elládha. Apó pou íste apó tin Elládha?
Íme .... tin Athína.
Polí kalá. Jiássas.
Jiássas.

Pió íne to .... ssas?
To epángelma ....?
Ne, to epángelma ....
A! Íme michanikós. Essís?
Íme dháskalos.
Íne ke .... jiós ssas dháskalos?
Óchi, íne fititís. I kóri ssas .... fitítria?
Ne, íne fitítria.
Pos léne tin kóri ....?
Tin léne Ánna.
Polí oréa. Jiássas.
Jiassas.

Jiá .... kánis?
Íme polí kalá. Essí?
Óchi, polí kalá.
Íse fititís?
Ne, íme .... Katalawénis elliniká?
Katalawéno líja. Essí .... jiermaniká?
Óchi polí kalá. Miláo líja jiermaniká.
Apó pou ....?
Íme apó .... Anglía. Essí íse .... tin Jallía?
Óchi, íme apó tin Elládha.
Jiá sto ....
Jiá.

Hier steht's

Hören Sie sich die Dialoge an, vergleichen Sie die Lösungen, die Sie gefunden haben, und sprechen Sie es einfach nach:

Begegnung

Chérete. Me léne María Pánou. Essás pos ssas léne?
Me léne Níko Vláchou. Apó pou íste?
Íme apó tin Elládyha. Ke essís?
Ke egó íme apó tin Elládha. Apó pou íste apó tin Elládha?
Íme apó tin Thessaloníki. Essís?
Íme apó tin Athína.
Polí kalá. Jiássas.
Jiássas.

Pió íne to epángelma ssas?
To epángelma mou?
Ne, to epángelma ssas.
A! Íme michanikós. Essís?
Íme dhaskála.
Íne ke o jiós ssas dháskalos?
Óchi, íne fititís. I kóri ssas íne fitítria?
Ne, íne fitítria.
Pos léne tin kóri ssou?
Tin léne Ánna.
Polí oréa. Jiássas.
Jiássas.

Jiá ti kánis?
Íme polí kalá. Essí?
Óchi polí kalá.
Íse fititís?
Ne, íme fititís. Katalawénis elliniká?
Katalawéno líja. Essí katalawénis Jiermaniká?
Óchi polí kalá. Miláo líja jiermaniká.
Apó pou íse?
Íme apó tin Anglía. Essí íse apó tin Elládha?
Ne, íme apó tin Elládha.
Jiá sto kaló.
Jiá.

Z

Prüfstand

1. Fragen Sie Ihren Gesprächspartner

1. nach dem Namen.
2. nach dem Beruf.
3. woher er kommt.
4. wie es ihm geht.
5. ob er Deutsch versteht.

2. Haben Sie aufgepaßt?

1. Die Anredeform *Dhespinís*

a sollte man möglichst vermeiden.
b junge Frauen kann man so höflich anreden.
c ist die Verkleinerung von Frau.

2. *kalá íse*

a wird meist wie «hallo» gebraucht.
b sagt man, wenn man sich verabschiedet.
c ist ein älterer Ausdruck.

3. *jiássas – jiássou*

a es wird nur nachmittags erwähnt.
b es paßt zu jeder Tageszeit, beim Begrüßen und beim Abschied.
c sagt man nur zu Freunden.

4. Der Kuß auf die Wangen

a man küßt einen Fremden nur beim Begrüßen.
b ist üblich nur unter Freunden zur Begrüßung oder zum Abschied.
c Männer küssen sich zur Begrüßung eher als Frauen.

3. Sagen Sie's auf deutsch

1. Chérete. **2.** Pió íne to epángelma ssas? **3.** Íste apó tin Elládha?
4. Pós se léne? **5.** Íne i ssisijós ssou dhaskála? **6.** Katalawénis elliniká?
7. Apó poú íse? **8.** Íne o jiós sou fititís? **9.** Se léne Níko?
10. Dhen íme apó tin Anglía, íme apó tin Jallía.

4. Zu welcher Frage gehört die Antwort?

1. Íme apó tin Elládha.

a Pós se léne?
b Íne i kóri ssou fitítria?
c Apó pou íse?

2. Me léne Pétro.

a Pos ssas léne?
b Íne avtí i ssísijos ssou?
c Pió íne to epángelma ssou?

3. Íme michanikós.

a Apó pou íse?
b Ti kánis?
c Pió íne to epángelma ssou?

4. Ne, katalawéno jiermaniká.

a Katalawénis jiermaniká?
b Milás elliniká?
c Pió íne to epángelma ssou?

5. Óchi, dhen íme apó tin Jiermaniká.

a Pos ssas léne?
b Íste apó tin Jiermanía?
c Pió íne to epángelma ssou?

5. Wie geht der Satz weiter?

1. Me léne .... **a** tin Elládha
2. Íme apó .... **b** kalá
3. Íse polí .... **c** íne jiatrós
4. To epángelma mou .... **d** Eléni
5. I ssísijos mou íne .... **e** dhaskála

Pijenoérchonte

Kommen und Gehen

Schon immer hat Griechenland, dieses Land zwischen Anatolien und dem Balkan, auf den Fremden einen besonderen Reiz ausgeübt. Seine Geschichte reicht weit in die Vergangenheit zurück und ist bestimmt von hartnäckigem Widerstand gegen vielerlei fremde Machthaber und vom Kampf um Unabhängigkeit. Die heutige Bevölkerung Griechenlands ist eine Mischung aus vielen Rassen und nationalen Charakteren. Von einem einzigen griechischen Volksstamm kann man nur mit Vorbehalt sprechen, denn auch im äußeren Erscheinungsbild der Menschen bestehen große Unterschiede: Die meisten Griechen gehören dem dunkelhaa-

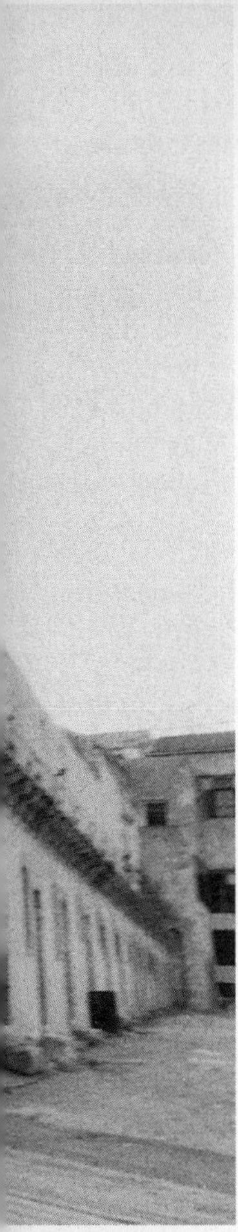

rigen Mittelmeertypus an. Ab und zu begegnet man aber auch blonden Griechen, besonders in Thessalien und Mazedonien.

Der Tourismus konzentriert sich in Griechenland auf Kreta, auf die Kykladen, den Peloponnes, Chalkidiki, Athen, die Sporaden und die Ionischen Inseln. Achtzig Prozent der Touristen kommen in den fünf Monaten Mai bis September. In dieser Zeit überarbeiten sich die Griechen, die im Tourismus tätig sind. Sogar die *Kamákis* – das sind die einheimischen Anmacher, die auf blonde Touristinnen stehen. Wenn Frau allein in Griechenland unterwegs ist, wird sie ihnen bestimmt einmal begegnen. Die Kamakis sind meistens harmlos, das Anmachen ist für sie ein Sport, um sich nicht zu langweilen. Die ewig gleichen Fragen, die sie stellen, sind: *Ti óra íne?* – Wie spät ist es?, *Íse móni ssou stin Elládha?* – Bist du allein in Griechenland?, *Páme jiá kafé?* – Gehen wir Kaffee trinken?, *Pou ménis?* – Wo wohnst du? Wenn «sie» die Fragen beantwortet, signalisiert das Interesse. Wer gerne auf die Bekanntschaft verzichtet und seine Ruhe haben will, sollte lieber nicht reagieren.

Nach Griechenland kann man jederzeit fahren, als Pauschaltourist wie als Individualreisender – ganz gleich, ob Sie mit dem Auto, per Schiff, Flugzeug oder Zug kommen, an einem Ort bleiben oder quer durch das Land reisen wollen. Der Trip mit dem eigenen Auto verlangt Vorplanung, Geduld und Nerven, denn die griechischen Straßen haben – nicht anders als die griechischen Fahrer – nicht den besten Ruf. Der vorherrschende Fahrstil ist für den Nordeuropäer äußerst nervenaufreibend. Auf die Verkehrsregeln brauchen Sie sich nicht zu verlassen, keiner hält sie ein.

Am bequemsten kommt man per Flug nach Griechenland. Es gibt billige Charterflüge (ohne Unterkunft und Transfer) oder auch Pauschalreisen. Wenn Sie kein großes Badehotel als Unterkunft wünschen, besteht die Möglichkeit, auch in kleineren Hotels, Pensionen oder Ferienwohnungen, abseits vom großen Rummel, unterzukommen. An Veranstaltern mit großem Griechenland-Angebot herrscht kein Mangel.

Für den Individualreisenden ist Griechenland ideal. Man kommt überall hin, mit KTEL, dem privaten Busunternehmen, mit dem Schiff oder mit dem Zug (OSE). Die Auswahl an Unterkünften für Alleinreisende ist groß.

Sogar in abgelegenen Dörfern sieht man das Schild «rooms for rent». Das sind Pensionen, *enikiasómena dhomátia*, die in drei Kategorien eingeteilt sind. Die Pensionen der A- und B-Kategorie haben ein eigenes Bad im Zimmer und sind freundlich eingerichtet. Die Pensionen der C-Kategorie haben nur auf dem Flur ein Bad, das von mehreren Personen mitbenutzt wird. Die Pensionen sind oft Familienbetriebe mit angenehmer Atmosphäre. Innen an der Zimmertür hängt eine offizielle Preisliste vom EOT, der griechischen Zentrale für Fremdenverkehr.

Ferienwohnungen, *epiplómena dhiamerísmata*, sind sehr beliebt bei Griechenland-Urlaubern, vor allem solche, die direkt am Meer liegen. Die Ferienwohnungen sind ideal für Familien, die nicht viel herumfahren möchten. Die Jugendherbergen, *xenónas neótitas*, sind einfache Quartiere mit vielen Betten in einem Raum. In jeder Stadt gibt es *xenónas neótitas.*

Informationsbüros der EOT sind nahezu überall vorhanden und führen mehrsprachige Broschüren zu den wichtigsten Fragen, Verzeichnisse sämtlicher lizenzierter Hotels, Pensionen, Campingplätze und Ferienwohnungen. Bei allen Unterkünften gilt grundsätzlich: Außerhalb der Zentren und in küstenfernen Orten sind sie günstiger. Wie auch immer man nach Griechenland reist, pauschal oder individuell, jeder Aufenthalt ist etwas Besonderes.

Höflichkeit

Wenn man besonders höflich sein möchte:

Tha íthela éna dhomátio parakaló.	Ich möchte gern ein Zimmer bitte.
Mípos échete éna dhomátio parakaló?	Haben Sie vielleicht ein Zimmer bitte?
Statt: Thélo éna dhomátio parakaló.	Ich möchte (eher: ich will) ein Zimmer bitte.

kaliméra *guten Morgen*
échete? *haben Sie?, habt ihr?*
éna dhomátio *ein Zimmer*
jiá *für*
dhío átoma *zwei Personen*
éna leptó parakaló *einen Moment, bitte*
thélete *Sie möchten / wollen, ihr möchtet / wollt*
me bánio *mit Bad*
oríste *bitte schön*
pósso *wieviel*
me balkóni *mit Balkon*
éna *ein*
pósso káni? *was kostet es?*
pósso kánoun *was kosten sie?*
eftá chiliádhes kírie *7000, mein Herr*
to dhiawatírio *Paß*

Hilfsverben

écho – (ich habe) – *thélo* (ich will, ich möchte)

Singular	Plural
écho – thélo ich habe – möchte	échoume – théloume wir haben – möchten
échis – thélis du hast – möchtest	échete – thélete ihr habt – möchtet / Sie haben – möchten
échi – théli er, sie, es hat – möchte	échoun – théloun sie haben – möchten

Artikel

bestimmter		unbestimmter	
o	der	énas	ein
i	die	mía	eine
to	das	éna	ein

Alle Eigennamen bekommen einen Artikel, z. B.:

i Elládha	(die) Griechenland	o Jiánnis	der Jiánnis
i Jiermanía	(die) Deutschland	i María	die Maria

Der unbestimmte Artikel kann gänzlich fehlen, z. B.
échete dhomátio? statt
échete éna dhomátio? Haben Sie ein Zimmer?

Im Hotel

Kaliméra.	Guten Morgen.
Échete éna dhomátio jiá dhío átoma?	*Haben Sie ein Zimmer für zwei Personen?*
Ne, jiá éna leptó parakaló.	Ja, habe ich, einen Moment bitte.
Thélete me bánio?	Möchten Sie mit Bad?
Ne, me bánio parakaló.	*Ja, mit Bad bitte.*
Oríste, íne to dhomátio dhío.	Bitte schön, es ist das Zimmer Nr. 2.
Efcharistó.	*Danke.*
Parakaló.	Bitte.

Éna dhomátio parakaló.	Ein Zimmer bitte.
Jiá póssa átoma?	*Für wie viele Personen?*
Jiá dhío parakaló.	Für zwei bitte.
Thélete me balkóni?	*Möchten Sie mit Balkon?*
Ne.	Ja.
Oríste, íne to dhomátio éna.	*Bitte schön, es ist das Zimmer Nr. 1.*

Pósso káni to dhomátio?	Was kostet das Zimmer?
Eftá chiliádhes, kírie.	*Siebentausend, mein Herr.*
To dhiawatírio ssas parakaló.	*Ihren Paß bitte.*
Oríste.	Bitte schön.
Efcharistó.	*Danke.*

i arithmí – die Zahlen

1	éna	6	éxi
2	dhío	7	eptá
3	tría	8	ochtó
4	téssera	9	enéa
5	pénte	10	dhéka
1000	chílies (Singular)	1000	chiliádhes (Plural)

z.B. chílies dhrachmés — 1000 Drachmen
dhío chiliádhes dhrachmés — 2000 Drachmen usw.

échete – haben Sie?, gibt es?

Bedeutet: *Sie haben* oder als Frage: *haben Sie?*
Es wird auch gebraucht im Sinn von: *es gibt, gibt es?*

échete dhiawatírio?	haben Sie einen Paß?
échete dhomátio?	haben Sie (gibt es) ein Zimmer?
échete tiléfono?	haben Sie (gibt es) ein Telephon?

Üben

1. Bilden Sie die komplette Frage nach dem Preis

Pósso káni ***to dhomátio****?*

1. to dhomátio
2. to dhomátio me bánio
3. to dhomátio me balkóni
4. to bánio

2. Antworten Sie auf die Frage

1. Échete éna dhomátio?	Ne, ...
2. Jiá dhío átoma?	Óchi, ...
3. Thélete to dhomátio me bánio?	Ne, ...
4. Pósso káni to dhomátio?	Ne, ...
5. Échete dhiawatírio?	Ne, ...

3. Die richtige Antwort

1. Échete éna dhomátio?	**a** káni dhío chiliádhes **b** ne, échoume éna dhomátio
2. Pósso káni to dhomátio me bánio?	**a** dhen échoume dhomátio **b** káni pénte chiliádhes
3. Thélete éna dhomátio me balkóni?	**a** oríste to dhiawatírio mou **b** ne, parakaló
4. Thélete éna dhomátio jía dhío átoma?	**a** ímaste tría átoma **b** óchi, jiá éna átomo parakaló

4. Was fehlt?

1. Échete .... dhomátio?
2. .... , jiá éna átomo.
3. Éna .... parakaló.
4. Thélete ....bánio?
5. Íne .... dhomátio dhío.

5. Welches Wort paßt nicht?

1. éna - dhomátio - éna - parakaló.
2. to dhiawatírio - me - ssas - parakaló.
3. pósso - káni - oríste - to dhomátio?
4. échi - balkóni - thélete - dhomátio?
5. ímaste - tría - póssa - átoma.

Unterwegs im Land

Zwischen Thessaloniki und Chania (auf Kreta) liegen 520 Kilometer und 157 Seemeilen. Bei solchen Entfernungen stellt sich die Frage, wie man am besten reist. *Me to aeropláno*, mit dem Flugzeug: Damit reisen Sie zwar schnell, aber von der schönen Landschaft bekommen Sie nicht viel mit, und vor allem zahlen Sie mehr Geld. *To tréno*, der Zug, braucht ewig, für die Strecke Thessaloniki–Athen (520 Kilometer) acht bis zehn Stunden – genau kann man es nie wissen, weil die Griechen Weltmeister sind in Sachen Verspätung. In den letzten Jahren wurde OSE – die staatliche Eisenbahn – ein bißchen modernisiert: Der Intercity *tachía* schafft die Strecke Athen–Thessaloniki inzwischen in beachtlichen sechs Stunden. Nur die großen Zentren und die Orte an ihren Verbindungslinien sind mit dem Zug erreichbar. Die Fahrkarten sind am Bahnhofsschalter oder in den Büros von OSE zu kaufen.

Die Reise mit dem KTEL-Bus, einem privaten Busunternehmen, ist nicht unbequem. Sie kommen damit überall hin, sogar in abgelegene Dörfer – vorausgesetzt, es gibt überhaupt eine Straße. Für längere Strecken werden die neuesten MAN-Busse mit Air-condition eingesetzt. Aber ab und zu fährt man doch noch in einer Uralt-Kiste, in der sich die Wandbespannung löst und die Sitzfedern sich einem in den Hintern bohren. So eine Fahrt ist ein Erlebnis – vor allem, wenn sie nicht auf einer der typischen Touristenrouten verläuft und man mitten unter Griechen sitzt. Es wird Ihnen nie langweilig werden, weil Sie sehr viel von der Landschaft und von der Mentalität der Griechen mitbekommen. Sie können über fünf Sitze hinweg die Unterhaltungen mithören, und wenn der Fahrer noch griechische Bousouki-Musik dudeln läßt, draußen die Bergwelt und die steilen Küsten vorbeisausen, ist die Stimmung perfekt.

Mit dem Schiff, *plío* oder *karáwi*, setzt man über zu den Inseln. In Ferienzeiten müssen Sie rechtzeitig buchen. In der Saison verkehren mehrmals täglich von Piräus, dem Hafen Athens, Passagierschiffe zu den verschiedenen Inseln der Ägäis. Alle Schiffsverbindungen sind wetter- und saisonabhängig. Wenn der Wind zu sehr bläst, kann es passieren, daß tagelang kein Schiff ablegt.

Keine Angst vor Vereinsamung unterwegs, die Menschen sind gesellig und neugierig. Man wird bestimmt mit Ihnen ins Gespräch – *kouwénta* – kommen. Die meisten sprechen Englisch – zwar nicht perfekt, aber verstehen kann man sie schon. Vielleicht haben Sie Glück und treffen einen, der Deutsch spricht.

pou *wo, wohin*
o stathmós *Bahnhof*
edhó kontá *hier in der Nähe*
próti forá *zum ersten Mal*
stin Athína *in Athen*
to aerodhrómio *Flughafen*
dhen xéro *ich weiß nicht*
makriá *weit weg*
páte/páo *Sie gehen (fahren), ihr geht (fahrt) / ich gehe (fahre)*
to táxi *Taxi*
sto *zum*
to isitírio *Fahrkarte*
póte féfji to tréno? *wann fährt der Zug ab?*
améssos *sofort*
me ti *womit*
kaló taxidhi *gute Reise*
o stathmós leoforíon *der Busbahnhof*

Wo und wohin? – poú?

poú pás?	Wohin fährst du? / Wohin gehst du?
poú íse?	Wo bist du?

Präpositionen

an, nach, bei, zu, in, auf:
se verschmilzt mit dem Akkusativ-Artikel zu

ston	maskulinum
stin	femininum
sto	neutrum

z. B.	íme stin Athína	–	ich bin in Athen
	páo stin Athína	–	ich fahre nach Athen
	íme ston Petro	–	ich bin bei Petro
	páo ston stathmó	–	ich fahre zum Bahnhof

Eine Unterscheidung zwischen Ruhelage und Bewegung wie im Deutschen gibt es im Griechischen nicht.

Auf geht's

Jeder Aufbruch zu neuen Taten braucht ein Startzeichen.

páme!	auf geht's/fahren wir
fíjame!	Los! Gehen wir!

Unterwegs

Kírie, poú íne o stathmós?	Mein Herr, wo ist der Bahnhof?
Íne edhó kontá.	*Er ist hier in der Nähe.*
Íste próti forá stin Athína?	Sind Sie zum ersten Mal in Athen?
Ne, íme próti forá stín Athína.	*Ja, ich bin zum ersten Mal in Athen.*

Kiría, poú íne to aerodhrómio?	Meine Dame, wo ist der Flughafen?
Dhén xéro, íne makriá.	*Ich weiß nicht, er ist weit weg.*
Poú paté?	Wohin fahren Sie?
Páo stin Jiermanía.	*Ich fahre nach Deutschland.*

Táxi!!!	Taxi!!!
Jiássas.	*Guten Tag.*
Sto stathmó parakaló.	Zum Bahnhof bitte.

Jiássas.	Guten Tag.
Éna isitírio jia tin Thessaloniki.	*Eine Fahrkarte bitte nach Thessaloniki.*
Oríste, eftá chiliádhes, parakaló.	Bitte schön, 7000 bitte.
Póte féfji to tréno?	*Wann fährt der Zug ab?*
Améssos.	Sofort.
Efcharistó, jiássas.	*Danke, tschüs.*
Parakaló.	Bitte.

Jiá, Sophía.	Hallo Sophia.
Pou pás?	*Wohin fährst du?*
Paó stin Athína.	Ich fahre nach Athen.
Me ti?	*Womit?*
Me to tréno.	Mit dem Zug.
Kaló taxídhi!	*Gute Reise.*
Efcharistó, jiá.	Danke, tschüs.
Jía sto kaló.	*Tschüs, mach's gut.*

Üben

5

1. Wie lautet die richtige Antwort?

1. Kiría, poú íne to aerodhrómio?
a dhén xéro
b páo stin Athína

2. Póte féfji to tréno?
a améssos
b íme próti forá stin Elládha

3. Kírie, pou íne o stathmós?
a íne edhó kontá
b to tréno

4. Pou páte, kiría?
a íme stin Thessaloníki
b páo sto aerodhrómio

5. Pósso káni to isitírio jiá tin Thessaloníki?
a to taxí féfji améssos
b eftá chiliádhes dhrachmés

2. Beantworten Sie die Frage

1. Pou pás? — Páo ....
2. Pou íne to aerodhrómio? — Íne ....
3. Íste próti forá stin Elládha? — Ne, ...
4. Páte ston stathmó? — Óchi, ...
5. Íne edhó kontá to aerodhrómio? — Óchi, ...

3. Wie heißt das auf griechisch?

1. Der Flughafen. **2.** Ich fahre nach Athen. **3.** Ich habe keine Fahrkarte. **4.** Ich bin im Taxi. **5.** Der Bahnhof ist weit. **6.** Wann fährt der Zug ab? **7.** Ist hier in der Nähe. **8.** Sind Sie zum ersten Mal in Griechenland?

4. Verbinden Sie die Sätze

1. éna isitírio
2. póte féfji
3. íne makriá
4. páme
5. íste próti

a to tréno
b o stathmós?
c stin Thessaloníki
d parakaló
e forá stin Elládha?

Stellen Sie sich vor, Sie sind in Athen oder Thessaloniki und stehen vielleicht um 15.00 Uhr auf einer Straße im Zentrum. Die Autos stecken im Stau, man hört lautes Gehupe, und alle fünf Minuten bewegt sich die Schlange ein Stückchen vorwärts. Es ist Feierabend und jeder versucht irgendwie, an sein Ziel zu kommen. Unmengen von Menschen warten an Haltestellen, die Busse, die vorbeifahren, halten nur an, wenn sie noch Platz haben. Oft stehen die Menschen dicht an dicht im Bus, bewaffnet mit Aktenkoffern oder Einkaufstaschen, nach Parfum oder nach Schweiß riechend.

Verzweifelt versuchen andere auf der Straße einen Taxifahrer herbeizuwinken, indem sie den Stadtteil, in den sie fahren möchten, laut ausrufen. Die Taxis sind gelb in Athen und blau in Thessaloniki. Wenn Sie Glück haben, ist ein Platz frei, und das Taxi fährt in Ihre Richtung. Der Taxifahrer nimmt mit, bis sein Taxi voll ist, denn es rentiert sich nicht, für eine Person zu fahren. Allerdings zahlt jeder für sich den vollen Preis, obwohl alle in die gleiche Richtung fahren. Sehr selten sitzt man alleine im Taxi – auf dem Weg läßt sich immer noch jemand auflesen. Es kann vorkommen, daß der Taxifahrer bis zu fünf Personen mitnimmt. In diesem Fall kann man protestieren, allerdings nur mit der Aussicht, die nächsten Stunden streitend auf der Polizeistation zu vertun.

Die Busfahrkarten sind für deutsche Verhältnisse sehr billig, und man bekommt sie entweder im Bus oder am Schalter an der Haltestelle. Für die U-Bahn in Athen bekommt man die Fahrkarten nur an den Stationen. Es ist ein Wunder, wie die Athener sich fortbewegen. Seit geraumer Zeit wird eine neue U-Bahn gebaut, und fast ganz Athen wird aufgebuddelt: ein wirkliches Paradies für die Archäologen.

In Thessaloniki fahren die Busse bis 0.30 Uhr nachts, danach gibt es nur noch *to taxí*, das Taxi. Achten Sie darauf, daß das Taxameter eingeschaltet ist. *Kali thiathromí*, gute Fahrt!

poú íne i «Aristotelous»? Wo ist die «Aristotelous-Straße»?

Straßennamen merken sich die Griechen nicht. Wenn Sie nach einer Straße suchen und einen Griechen fragen, dann müssen Sie damit rechnen, daß er Ihnen nicht etwa sagt: «then xéro» – ich weiß nicht, sondern Sie aus Höflichkeit irgendwohin schickt. Wenn Sie sich aber nach einem öffentlichen Gebäude (Post, Telephonamt-OTE, Bank etc.) erkundigen, dann bekommen Sie die richtige Antwort, oder eventuell führt er Sie hin.

sijnómi *Entschuldigung*

míbos xérete? *wissen Sie/ihr vielleicht?*

i ajorá *Markt*

ston epómeno dhrómo *in der nächsten Straße*

tha páo *ich werde gehen (fahren)*

sto kéntro tis pólis *im Stadtzentrum*

dhexiá *rechts*

i touristikés pliroforíes *Touristeninformation*

sto xenodhochío *im Hotel*

aristerá *links*

me ta pódhia *zu Fuß*

i piátza taxi *Taxistand*

Dativ

Der Dativ wird umschrieben bzw. konstruiert aus dem Wort *se* (in) und dem Akkusativ-Artikel:

se	+	ton	→	ston	(mask.)
se	+	tin	→	stin	(fem.)
se	+	to	→	sto	(neutr.)

Die Hauptwörter erhalten Akkusativ-Endungen:

	mask.	fem.	neutr.
Nom.	o dhrómos	i ajorá	to kéntro
	o epómenos	i epómeni	to epómeno
Dat.	ston dhrómo	stin ajorá	sto kéntro
	ston epómeno	stin epómeni	sto epómeno

→ Nur bei den Maskulina fällt das -s vom Nominativ weg.
→ Die weiblichen und sächlichen Formen erhalten die Endungen vom Nominativ.
→ Für die Eigenschaftswörter, die sich in Geschlecht, Zahl und Fall nach dem zugehörigen Hauptwort richten, gelten die gleichen Regeln.

Beispielsätze:

I ajorá íne ston epómeno dhrómo. (mask.)
Der Markt ist in der nächsten Straße.

Páo sto kéntro. (neutr.)
Ich gehe ins Zentrum.

Íme stin ajorá. (fem.)
Ich bin auf dem Markt.

6 Reden

Wege finden

Sijnómi, míbos xérete poú íne i ajorá?	Entschuldigung, wissen Sie, wo der Markt ist?
Ne, xéro.	*Ja, weiß ich.*
Íne edhó kontá?	Ist er hier in der Nähe?
Ne, íne ston epómeno dhrómo.	*Ja, er ist in der nächsten Straße.*
Efcharistó.	Danke.
Parakaló.	*Bitte.*
Pós tha páo sto kéntro tis pólis?	Wie komme ich zum Stadtzentrum?
Poú?	*Wohin?*
Sto kéntro tis pólis.	Zum Zentrum der Stadt.
O epómenos dhrómos dhexiá.	*Die nächste Straße rechts.*
Sijnómi, míbos xérete poú íne i touristikés pliroforíes?	'tschuldigung, wissen Sie vielleicht, wo die Touri-Auskunft ist?
Íne kontá sto xenodhochío «Akropolis».	*Sie ist in der Nähe vom Hotel «Akropolis».*
Poú íne to xenodhochío?	Wo ist das Hotel?
O epómenos dhrómos aristerá.	*Die nächste Straße links.*
Taxí! Taxí! Taxí!	Taxi! Taxi! Taxi!
Poú páte?	*Wohin fahren Sie?*
Sto xenodhochío «Athína».	Ins Hotel «Athen».
Poú íne i «Athína»?	*Wo ist Athen?*
Óchi, i «Athína», to xenodhochío «Athína».	Nicht «Athen», das Hotel «Athen».
A! To xenodhochío. Xéro, íne sto kéntro.	*Ach so, das Hotel. Ich weiß, es ist im Zentrum.*
Íne kontá sto kéntro?	Ist das in der Nähe vom Zentrum?
Ne, polí kontá, páte me ta pódhia.	*Ja, sehr nah, gehen Sie zu Fuß.*

Taxi finden – gar nicht so leicht

Sie stehen auf einer Straße und suchen hoffnungslos nach einem Taxistand. In dieser Situation hilft nur eins: Sie halten jedes Taxi an, das an Ihnen vorbeifährt, egal ob es besetzt ist. Achten Sie nur auf die Zahl der Leute, die im Taxi sitzen. Ein Platz muß für Sie frei sein. Wenn Sie Glück haben, nimmt der Fahrer Sie mit, vorausgesetzt, er fährt in die Richtung, in die Sie wollen. *Kalí tíchi* – viel Glück!

Üben

6

1. Wie lautet die richtige Frage?

1. Páo sto xenodhochío.
a Íste sto xenodhochío?
b Poú páte?

2. Íne kontá to kéntro.
a Poú íne to kéntro?
b Míbos xérete poú íne i ajorá?

3. O epómenos dhrómos dhexiá.
a Poú páte?
b Pós tha páo sto kéntro?

4. Óchi, páme stin ajorá.
a Páte sto kéntro tis pólis?
b Sijnómi, mípos xérete poú íne i ajorá?

5. Ne, xéro.
a Sijnómi, míbos xérete poú íne i ajorá?
b Íne ston epómeno dhrómo?

2. Sagen Sie's auf griechisch

1. Entschuldigung. **2.** Markt. **3.** Zentrum. **4.** Touristeninformation. **5.** Hotel. **6.** Straße. **7.** zu Fuß.

3. ston, stin oder sto? Was paßt?

1. Íne kontá .... xenodhochío «Akropolis»?
2. I ajorá íne .... epómeno dhrómo dhexiá.
3. I touristikés pliroforíes íne .... kéntro.
4. I Maria íne .... ajorá.

4. Welches Wort paßt nicht?

1. Poú íne sto to xenodhochío?
2. O epómenos taxi dhrómos dhexiá.
3. Poú páte kéntro?
4. Páo me ta pódhia poú sto xenodhochío.
5. I touristikés pliroforíes íne xéro kontá sto kéntro.

5. männlich, weiblich oder sächlich? o, i oder to?

1. ajorá **2.** kéntro **3.** piátza taxí **4.** xenodhochío **5.** dhrómos

Ⓩ Alle Wörter

Hauptwörter

Zimmer
to dhomátio

Person
to átomo

Bad
to bánio

Balkon
to balkóni

Markt
i ajorá

Zentrum
to kéntro

im Stadtzentrum
sto kéntro tis pólis

Taxistand
i piátza taxí

Hotel
to xenodhochío

guten Morgen
kaliméra

einen Moment, bitte
éna leptó parakaló

gute Reise
kaló taxidhi

Entschuldigung
sijnómi

Verb & Co

Sie haben / ihr habt
échete

Sie möchten / wollen, ihr möchtet / wollt
thélete

was kostet/ was kosten?
pósso káni / pósso kánoun?

ich weiß
xéro

ich gehe / ich fahre
páo

ich fahre ab
féfjo

wie komme / fahre ich
pós tha páo

Sie gehen (fahren), ihr geht (fahrt) / ich gehe (fahre)
páte/páo

wissen Sie/ ihr vielleicht?
mípos xérete?

ich werde gehen (fahren)
tha páo

Unterwegs

die Touristeninformation
i touristikés pliroforíes

Flughafen
to aerodhrómio

Zug
to tréno

Busbahnhof
o stathmós leoforíon

Taxi
to taxí

Straße
o dhrómos

Fahrkarte
to isitírio

in der nächsten Straße
ston epómeno dhrómo

Paß
to dhiawatírio

Kleine Wörter

für
jiá

mit
me

bitte
parakaló

danke
efcharistó

es ist weit
íne makriá

es ist nah
íne kontá

hier
edhó

wann
póte

sofort
améssos

zum ersten Mal
próti forá

links
aristerá

rechts
dhexiá

zu Fuß
me ta pódhia

sehr
polí

bitte schön
oríste

wieviel
pósso

7000, mein Herr
eftá chiliádhes kírie

wo, wohin
pou

in Athen
stin Athína

womit
me ti

Stimmhafte Konsonanten aus dem Alphabet

Β, β	**W, w**
Γ, γ	**J, j**
Δ, δ	**dh** *wie das engl. that*
Ζ, ζ	**S, s** *wie bei Sonne*
Λ, λ	**L, l**
Μ, μ	**M, m**
Ν, ν	**N, n**
Ρ, ρ	**R, r**

Wörter mit den neuen Buchstaben

βάζω	**wáso**	*setzen*
γιορτάζω	**jiortáso**	*feiern*
η σιωπή	**i ssiopí**	*Schweigen*
το λεωφορείο	**to leoforío**	*Bus*
μένω	**méno**	*wohnen*
νέος	**néos**	*jung*
ρωτώ	**rotó**	*fragen*

Kleine Sätze

ανεβαίνω στο λεωφορείο	**anewéno sto leoforío**	*ich steige in den Bus ein*
γιορτάζω σήμερα	**jiortáso ssímera**	*ich feiere heute*
μένω στην Ελλάδα	**méno stin Elládha**	*ich wohne in Griechenland*
ρωτώ τον Μάρκο	**rotó ton Márko**	*ich frage den Markos*

Länderkunde auf griechisch

η Ελλάδα	**Ellátha**	*Griechenland*
η Αυτρία	**Avstria**	*Österreich*
η Αμερική	**Amerikí**	*Amerika*
η Γερμανία	**Jiermanía**	*Deutschland*
η Ιταλία	**Italiá**	*Italien*

Zu welcher U-Bahn-Station wollen Sie?

η Ομόνια	**Omónia**
το Μοναστηράκι	**Monastiráki**
το Σύταγμα	**Sintajma**
η Θησείο	**Thissío**

Ⓩ Hier fehlt's

Lesen Sie sich den Text durch, und tragen Sie die fehlenden Wörter ein. Wenn Sie nicht mehr weiterwissen, dann dürfen Sie auf der nächsten Seite spicken:

Stin xéni póli

Tha íthela éna dhomátio parakaló?
Jlá póssa átoma?
Jiá .... átoma parakaló.
Sijnómi, dhen échoume dhomátio jiá tria átoma, échoume dhomátio jiá dhio átoma. Thélete to ....?
Óchi, ... tria átoma. Míbos .... éna xenodhochío edhó kontá?
Ne, échi éna .... edhó.
Pós tha páme? Échi piátza .... edhó?
Íne polí kontá, dhio .... apó edhó.
Efcharistó.
Parakaló.

Kaliméra!
Chérete!
Míbos .... pou íne o stathmós leoforíon?
O stathmós leoforíon?
Ne, o stathmós ....
A! Xéro íne polí makriá.
Tha páo me to ....
Ne, edhó íne i piátza taxi. O stathmós íne .... stin ajorá.

Míbos xérete poú íne to aerodhrómio?
Sijnómi dhen xéro, íme próti forá stin Thessaloniki.
Ke egó íme próti forá edhó.
Páte stin ....?
Óchi, then páo stin Athína, páo stin Jiermanía.
Póte ....?
Améssos.
Jiássas!
Taxi! Taxi! Sto .... parakaló!

Hier steht's

Hören Sie sich die Dialoge an, vergleichen Sie die Lösungen, die Sie gefunden haben, und sprechen Sie einfach nach:

In der fremden Stadt

Tha íthela éna dhomátio parakaló?
Jiá póssa átoma?
Jiá dhio átoma parakaló.
Sijnómi, dhen échoume dhomátio jiá dhio átoma, échoume jiá éna átomo. To thélete?
Óchi, dhen to théloume. Míbos xérete éna xenodhochío edhó kontá?
Ne, xéro.
Pós tha páme?
Me ta pódhia, íne o epómenos dhrómos dhexiá.
Efcharistó.
Parakaló.

Jiássas!
Chérete!
Xérete poú íne o stathmós leoforíon?
O stathmós leoforíon?
Ne, o stathmós.
A! Xéro, íne polí kontá.
Pós tha páo?
Me to taxí, edhó íne i piátza taxí. O stathmós íne dhéka leptá apó edhó.

Míbos xérete poú íne to aerodhrómio?
Sijnómi dhen xéro, íme próti forá stin Thessaloniki.
Ke ego íme próti forá edhó.
Poú páte?
Páo stin Jiermanía.
Póte féfjete?
Améssos.
Jiássas!
Taxí! Taxí! Sto aerodhrómio parakaló!

Z

Prüfstand

1. Haben Sie aufgepaßt?

1. *pou*:

a verwendet man nur mit Verben, die Bewegung ausdrücken.
b heißt sowohl «wo» als auch «wohin».
c verwendet man nie bei Fragen.

2. *KTEL* ist

a ein staatliches Busunternehmen.
b ein großer Bahnhof in Athen.
c ein privates Busunternehmen.

3. *páme, fijame* ist:

a ein unhöflicher Befehl.
b Startzeichen zum Aufbruch.
c ein idiomatischer Ausdruck.

4. Ein Taxi findet man (wenn man auf der Straße steht)

a sehr oft am Taxistand.
b man kann sie an der Straße heranwinken.
c durch einen Anruf bei der Taxi-Zentrale.

2. Fragen Sie Ihren Gesprächspartner

1. Wie fahre ich nach Deutschland?
2. Wo ist das Hotel «Akropolis»?
3. Wo ist der Flughafen?
4. Wie komme ich zum Bahnhof?
5. Wo ist die Touristeninformation?

3. Sprechen Sie nach

1 – 2 – 3	4 – 5 – 6	3 – 2 -1	6 – 5 – 4
7 – 8	9 – 10	7 – 8 – 9 – 10	

Prüfstand

4. Was stimmt, a, b, oder c?

1. Mibos xérete poú íne .... aerodhrómio?

a o **b** i **c** to

2. Éna isitírio parakaló .... Athína.

a pou **b** póte **c** jiá

3. Páo .... Elládha.

a stin **b** ston **c** jiá

4. Thélete éna .... me balkóni?

a dhiawatírio **b** dhomátio **c** tiléfono

5. Póte .... to tréno?

a páo **b** écho **c** féfji

6. To xenodhochío íne ston epómeno ....

a dhrómo **b** taxí **c** ajorá

5. Sagen Sie's auf deutsch

1. Sijnómi, mibos xérete pou íne i ajorá? **2.** To kéntro tis pólis íne kontá. **3.** To xenodhochío íne makriá. **4.** Thélo éna dhomátio me bánio. **5.** Tha íthela éna dhomátio jiá dhío átoma. **6.** Íme próti forá stin Elládha. **7.** Pósso káni to ísitírio? **8.** To tréno féfji améssos. **9.** Kaló taxídhi. **10.** Échete dhiawatírio?

6. Wie geht der Satz weiter?

1. íne
2. íste próti
3. póte féfji
4. échete éna dhomátio
5. i touristikés pliroforíes

a íne kontá
b edhó kontá
c forá stin Athína?
d to tréno?
e jiá dhío átoma

Die tägliche Kost der Griechen ist *choriátiki* (Bauernsalat) mit *féta* (Schafskäse), *patátes tijanités* (Pommes frites), *chórta* (gedünstetes Wildgemüse, vor allem im Winter), *tsatsíki* (Joghurt mit Knoblauch und Gurken), *arní* (Lammfleisch), *tirópita* (Blätterteig mit Käse). Lammfleisch und Hammelfleisch ist am meisten verbreitet, es wird in verschiedenen Variationen zubereitet: gekocht, gebraten und gedünstet, und als Beilage gibt es *tijanités patátes* (Pommes frites). Das klassische *ssouwláki* (Schweinefleisch auf Spießchen) wird auf dem Holzkohlenfeuer gegrillt und gehört zu den Zwischendurch-Häppchen der Griechen. Köstlich sind die zarten *paithákia* (Lammkoteletts). An Ostern wird von vielen Familien – meistens in Nordgriechenland – ein Lamm geschlachtet oder gekauft und im Freien am Spieß gebraten.

Aber in griechischen Kochtöpfen gart nicht nur Fleisch, sondern eine große Auswahl an Gemüsen, die der Nordeuropäer nicht kennt: zum Beispiel Wildgemüse – wenn es wächst, stürmen die Griechinnen hinaus und ernten, was die Natur hervorgebracht hat; diese Ausflüge, auf denen sie Löwenzahn, Artischocken, Lauch, Spinat, wilden Spargel, Stangensellerie sammeln, gehören zu den Lieblingsbeschäftigungen. Im Frühling werden Dill, Petersilie, Knoblauch, Frühlingszwiebeln und Zitronen verwendet. Auch das Olivenöl darf bei keiner Speise fehlen. Das griechische Essen schwimmt im Öl. Das kann man nur verhindern, wenn man beim Bestellen sagt: *líjo láthi, parakaló*, wenig Öl, bitte. Aber das griechische Olivenöl ist nicht nur besonders würzig, sondern auch sehr gesund und leicht verdaulich.

Fisch ist ebenfalls sehr beliebt. Er wird entweder gekocht, gegrillt oder in der Pfanne zubereitet, ohne Gewürze, nur mit Salz und Zitrone. Der Grieche liebt es so, denn das Aroma kommt dann besser zur Geltung. Das allerwichtigste dabei ist *frésko psári*, frischer Fisch. In den Tavernen sucht man den Fisch gleich in der Küche aus, wo er vor den Augen des Gastes abgewogen wird. Guter Fisch – wie Barbe, Meerbrasse oder Zahnbrasse – ist ziemlich teuer, billiger sind die ganz kleinen, die man im Stück verspeist. Dazu gibt es Brot, *psomí*, und Käse, *tirí* – ein Muß auf dem gedeckten Tisch. Die Griechen essen alles mit Brot, sogar Nudeln.

Am Ende des Essens ist es üblich, die Sauce im Teller mit einem Stück Brot aufzunehmen.

Tirí heißt allgemein Käse. Der bekannteste ist *féta*, Schafskäse. Je nach Ort gibt es eine große Auswahl an Käsesorten. Ein Tip: Auf Kreta probieren Sie mal den *misíthra* oder *anthótiro*, zwei ganz milde Käsesorten.

Um Griechenland auch von seiner kulinarischen Seite kennenzulernen, sollten Sie die Touristenrestaurants meiden. Diese orientieren sich an der nordeuropäischen Küche, und was sie anbieten, ist alles anderes als echt griechisch. Das typische Restaurant in Griechenland ist die Taverne. Dort ist es üblich, in die Küche zu gehen, um selbst zu sehen, was es an diesem Tag zu essen gibt. Da stehen große Pfannen mit verschiedenen Spezialitäten. Wenn Sie deren Namen nicht kennen, dann zeigen Sie mit dem Finger auf die entsprechende Pfanne. Nur eins müssen Sie sich merken: Griechen essen lauwarm, weil – wie sie behaupten – es gesünder ist und für den Magen verträglicher und weil das Aroma besser zur Geltung kommt. Damit müssen Sie sich abfinden.

In einem Lokal – Taverne oder Kafenio – auf dem Land ist die Auswahl an Speisen kleiner. Zur Begrüßung bekommen Sie erst mal einen Ouzo oder *tsikouthiía*, einen kretischen, selbstgebrannten Schnaps. Es bleibt Ihnen meist nichts anderes übrig, als anzunehmen und auf das Wohl – *stin ijiá ssas* – des Wirtes zu trinken.

Einladung

ich lade dich zum Essen ein
ssou káno to trapési (wörtlich: ich mache dir den Tisch)

Der große Hunger

pináo pára polí	ich bin sehr hungrig
pináo san ton líko	ich habe Hunger wie ein Wolf
íne polí nóstimo	es schmeckt sehr gut
tha jlífis ta dháchtila ssou	es wird dir sehr gut schmecken (wörtlich: du wirst deine Finger ablecken)

pinás? *hast du Hunger?*

pináo san ton líko *ich habe Hunger wie ein Wolf*

mía tavérna *Taverne*

kaló fajitó *gutes Essen*

nóstimo *schmackhaft*

tha párete *Sie (werden) nehmen / ihr nehmt*

tha páro *ich (werde) nehmen*

mesés / mesédhes *Vorspeise / Vorspeisen*

pénte *fünf*

jiá fajitó *als Hauptgericht*

frésko psári *frischer Fisch*

mía choriátiki *einen Bauernsalat*

epidhórpio *Nachspeise*

to froúto *Obst*

i fassoládha *Bohnensuppe*

to psomí *Brot*

Eigenschaftswörter

Die Eigenschaftswörter werden wie die Hauptwörter dekliniert.

o nóstimos	der schmackhafte (mask.)
i nóstimi	die schmackhafte (fem.)
to nóstimo	das schmackhafte (neutr.)
o fréskos	der frische (mask.)
i fréskia	die frische (fem.)
to frésko	das frische (neutr.)

i nóstimi fassoládha	die schmackhafte Bohnensuppe
to nóstimo fajitó	das schmackhafte Essen
to frésko psári	der frische Fisch
to frésko froúto	frisches Obst

Verben

Es gibt Verben, die zwei Endungen bekommen, z. B. *pináo*:

pináo-pinó	ich habe Hunger
pinás	du hast Hunger
piná-pinái	er (sie, es) hat Hunger
pináme	wir haben Hunger
pináte	ihr habt (Sie haben) Hunger
pinán-pináne	sie haben Hunger

Futur wird mit «tha» («werden») gebildet.
Das Wort «tha» wird nicht konjugiert.

Futur:	*tha páro*	ich werde nehmen
	tha páris	du wirst nehmen
	tha pári	er (sie, es) wird nehmen
	tha pároume	wir werden nehmen
	tha párete	ihr werdet (Sie werden) nehmen
	tha pároun	sie werden nehmen

7 Reden

Auswärts essen

Pinás?	Hast du Hunger?
Pináo san ton líko.	*Ich habe einen großen Hunger.*
Xéro mia tavérna edhó kontá.	Ich kenne eine Taverne hier in der Nähe.
Échi kaló fajitó?	*Hat sie gutes Essen?*
Ne, polí nóstimo.	Ja, sehr schmackhaft.
Páme!	*Gehen wir!*
Ti tha párete parakaló?	Was nehmen Sie bitte?
Échete mesédhes?	*Haben Sie Vorspeisen?*
Ne, échoume mesédhes.	Ja, wir haben Vorspeisen.
Théloume pénte mesédhes.	*Wir möchten fünf Vorspeisen.*
Ke jiá fajitó?	Und als Hauptgericht?
Dhen théloume fajitó.	*Wir möchten kein Hauptgericht.*
Kalispéra.	Guten Abend.
Jiássas!	*Guten Tag.*
Échete psári?	Haben Sie Fisch?
Ne, échoume frésko psári.	*Ja, wir haben frischen Fisch.*
Tha páro éna psári ke mía choriátiki.	Ich nehme einen Fisch und einen Bauernsalat.
Míbos thélete epidhórpio?	*Möchten Sie vielleicht Nachspeise?*
Ne, éna froúto parakaló.	Ja, Obst bitte.
Efcharistó.	*Danke.*
Míbos échete fassoládha?	Haben Sie vielleicht Bohnensuppe?
Ne, échoume polí nóstimi fassoládha.	*Ja, wir haben eine sehr schmackhafte Bohnensuppe.*
Tha páro mía fassoládha parakaló.	Ich nehme eine Bohnensuppe bitte.
Thélete ke psomí?	*Möchten Sie auch Brot dazu?*
Ne, parakaló.	Ja, bitte.

1. Bestellen Sie auf griechisch

1. Ich nehme drei Vorspeisen. **2.** Haben Sie frischen Fisch? **3.** Was haben Sie als Hauptgericht? **4.** Haben Sie Brot? **5.** Ich möchte frisches Obst. **6.** Danke, ich möchte keine Nachspeise.

2. Die richtige Antwort

1. Pinás?	**a** Páme. **b** Pináo san ton líko.
2. Échi kaló fajitó?	**a** Xéro mía tavérna. **b** Ne, polí nóstimo fajitó.
3. Échete mesédhes?	**a** Ne, échoume mesédhes. **b** Dhen théloume mesédhes.
4. Íne i fassoládha nóstimi?	**a** Mía choriátiki parakaló. **b** Íne polí nóstimi.

3. Welche Übersetzung ist richtig?

1. Tha páro éna psári ke mía choriátiki.
- **a** Ich nehme einen Fisch und einen Bauernsalat.
- **b** Ich möchte keinen Fisch und keinen Bauernsalat.

2. Mípos échete fassoládha?
- **a** Möchten Sie vielleicht Brot?
- **b** Haben Sie vielleicht Bohnensuppe?

3. Pináo san ton líko.
- **a** Ich habe Hunger wie ein Wolf.
- **b** Ich kenne eine Taverne.

4. Échete mesédhes?
- **a** Die Vorspeisen schmecken sehr gut.
- **b** Haben Sie (gibt es) Vorspeisen?

4. Setzen Sie die Verben in der richtigen Person

pináo (ich habe Hunger) & *tha páro* (ich werde nehmen)

1. Tha .... mia fassoládha.
2. .... san ton líko.
3. I Eléni dhen ....
4. I María ke o Jiánnis tha .... dhío mesédhes.
5. O Níkos .... polí.

Im Café – sto kafenío

Das *kafenío* gehört zur griechischen Geselligkeit, allerdings nicht unbedingt für Frauen. Es ist die Welt der Männer, deren Leben nach außen gerichtet ist. Die Kommunikation findet außer Haus statt, und so ist dieses urgriechische Lokal des Mannes zweites Zuhause. Im Kafenío entzünden sich Männer-Debatten. Eine Frau im Kafenio ist eine Seltenheit; sie wird bestimmt alle Blicke auf sich ziehen, egal ob Griechin oder Touristin. Das klassische Kafenio ist meist eine Welt der älteren Herren. Hier sitzen sie zu jeder Tages- und Abendzeit stundenlang vor ihrem Täßchen Kaffee oder Gläschen Ouzo, allein oder in geselliger Runde, lesen Zeitung, spielen Karten oder Tawli, ein Würfelbrettspiel, das begleitet von großem Lärm und Disputen gespielt wird. Wer nicht diskutiert, der beobachtet vielleicht schweigend das Treiben auf der Straße. Eine andere Beschäftigung sind die *kombólojia,* Schnüre aus Bernstein- oder bunten Glasperlen, die wie Rosenkränze aussehen. Beim Herumsitzen oder -stehen lassen die Männer die Kügelchen durch die Finger gleiten, um sich abzulenken, zu entspannen oder ganz einfach die Zeit totzuschlagen.

Das Kafenio ist eine Männerkneipe, allerdings ohne Alkoholausschank. Der Kaffeewirt, *o kafetzís,* versorgt nebenbei noch alle Büros, Geschäfte und Werkstätten seines Viertels mit Getränken; ansonsten würde er kaum genug verdienen. In der Großstadt findet man das traditionelle Kafenío leider immer seltener. Es ist durch modernere, zeitgeistige Cafés ersetzt. Übrigens: Frauen gehen ins *ssacharoplastío,* in die Konditorei, oder in die *cafetería.*

Kaffee in allen Variationen

énan (kafé) skéto	einen schwarzen Kaffee
énan (kafé) métrio	einen mittelsüßen
énan (kafé) waríjliko	einen sehr starken/süßen
énan kafé fíltrou	einen Filterkaffee
frappé	kalter löslicher Kaffee

Akkusativ

Im Akkusativ (auf die Fragen wen? was? wohin? wann?) erhalten Hauptwörter unterschiedliche Endungen entsprechend ihrem grammatischen Geschlecht. Neutra und Feminina haben im Akkusativ (Einzahl / Mehrzahl) die Nominativ-Endung. Maskulina erhalten die Endung -o / -ous (jeweils Einzahl / Mehrzahl), -i / -es, -a / -es, -e / -edhes.

éna kafé *einen Kaffee*

pós thélete ton kafé ssas? *wie möchten Sie Ihren Kaffee?*

waríjliko *sehr süß*

garssón *Kellner*

ti tha pchiíte? *was werden Sie trinken?*

éna oúso *einen Ouzo*

to neró *Wasser*

metá *nachher*

mía bíra *ein Bier*

entáxi *in Ordnung*

pínis *du trinkst*

to krassí *Wein*

warelísso *vom Faß*

i rakí *Raki (selbstgebrannter kretischer Schnaps)*

stin ijiá mas *auf unsere Gesundheit*

kókino *rot*

ásspro *weiß*

Einzahl

	mask.	fem.	neutr.
Nom.	o dhróm-os	i bír-a	to krass-í
Akk.	ton dhróm-o	tin bír-a	to krass-í
Nom.	o kaf-és	i kór-i	to fajit-ó
Akk.	ton kaf-é	tin kór-i	to fajit-ó
Nom.	o fitit-ís		to thém-a (Paket)
Akk.	ton fitit-í		to thém-a
Nom.	o ándr-as (Mann)		
Akk.	ton ándr-a		

Mehrzahl

	mask.	fem.	neutr.
Nom.	i dhróm-i	i bír-es	ta krass-iá
Akk.	tous dhróm-ous	tis bír-es	ta krass-iá
Nom.	i kaf-édhes	i kór-es	ta fajit-á
Akk.	tous kaf-édhes	tis kór-es	ta fajit-á
Nom.	i fitit-és		ta thé-mata
Akk.	tous fitités		ta thé-mata
Nom.	i ándr-es		
Akk.	tous ándr-es		

Beispiele: thélo ton kafé / wlépo (ich sehe) ton fitití
wlépo tin bíra / wlépo tin kóri
thélo tis bíres / wlépo tis kóres
écho to krassí / échoume to fajitó / échis to théma
écho ta krassiá / échoume ta fajita / échis ta thémata

Für Eigenschaftswörter gelten die gleichen Regeln.

Im Café

Kalispéra.	Guten Abend.
Jiássas, ti tha párete?	*Guten Tag, was nehmen Sie?*
Énan kafé parakaló.	Einen Kaffee bitte.
Pós thélete ton kafé ssas?	*Wie möchten Sie Ihren Kaffee?*
Waríjliko.	Stark und süß.
Améssos.	*Sofort.*

Garssón!	Kellner!
Oríste, ti tha pchíite?	*Bitte schön, was trinken Sie?*
Éna oúso me mesé.	Einen Ouzo mit Vorspeise.
Thélete ke neró?	*Möchten Sie auch Wasser dazu?*
Óchi, metá thélo mía bíra.	Nein, nachher möchte ich ein Bier.
Entáxi	*In Ordnung.*

Ti pínis?	Was trinkst du?
Krassí.	*Wein.*
Ti krassí?	Was für einen Wein?
Warelíssio, ke essí?	*Wein vom Faß, und du?*
Píno rakí.	Ich trinke Raki.
Stin ijiá mas.	*Auf unsere Gesundheit.*
Thélis raki?	Möchtest du Raki?
Óchi, dhen píno rakí, móno krassí warelíssio.	*Nein, ich trinke keinen Raki, nur Wein vom Faß.*

Éna krassí parakaló.	Einen Wein, bitte.
Ti krassí pínete?	*Was für einen Wein trinken Sie?*
Píno kókino krassí.	Ich trinke roten Wein.
Ssijnómi, dhen échoume kókino, échoume ásspro.	*Entschuldigung, wir haben keinen Roten, wir haben Weißen.*
Entáxi, éna ásspro krassí.	In Ordnung, einen weißen Wein.

Üben

1. Bilden Sie die Mehrzahl im Akkusativ

1. to krassí **2.** i bira **3.** o kafés **4.** to neró **5.** to oúso **6.** o dhrómos

2. Worauf stoßen wir an?

1. stin ijiá mas
2. stin filía
3. stin sinerjasía
4. kalí epitichía
5. kalós írthate

a willkommen
b auf unsere Gesundheit
c auf die Freundschaft
d auf die Zusammenarbeit
e viel Erfolg

3. Wie geht der Satz weiter?

1. Énan kafé
2. Pos thélete
3. Ti tha
4. Thélo ke
5. Échete warelíssio

a ton kafé ssas?
b parakaló.
c pchíite?
d krassí?
e mía bíra.

4. Die richtige Antwort

1. Jiássas, ti tha párete?
a Oríste, mía bíra.
b Tha íthela énan kafé.

2. Ti pínis?
a Óchi, dhen píno rakí.
b Píno warelíssio krasí.

3. Thélete oúso me mesé?
a Óchi, móno oúso.
b Entáxi.

4. Pínete kókino krassí?
a Dhen échoume kókino krassí.
b Ne, píno kókino krassí.

5. Éna neró parakaló.
a Warelíssio?
b Améssos!

5. Was paßt nicht?

1. Kalispéra, ti tha pou párete?
2. Pos thélete ton ston kafé ssas?
3. Théloume dhío oúsa póte me neró.
4. Óchi, metá pósso mía bíra.
5. Thélete dhío piós kafédhes?

Die griechische Küche zu Hause bleibt oft kalt, denn die Griechen gehen gerne aus zum Essen. Es ist üblich, sich einmal in der Woche in großer Gesellschaft im Lokal zu treffen. Das Element der Griechen ist nicht das Duett, sondern das Zusammensein vieler, in das sie sich zu verlieren lieben.

Das althergebrachte Speiselokal in Griechenland ist die Taverne. Auch wer nicht viel verdient, gibt sein Geld gerne fürs Essen aus. Die Gastronomie lebt eigentlich von den Einheimischen und nicht von den Touristen. Wenn Sie eine griechische Gesellschaft in der Taverne treffen und die Teller auf dem Tisch betrachten, werden Sie sich wundern. Es kann sein, daß jemand die Hälfte liegen läßt. Meist sind es 40- bis 50jährige, die viel bestellen müssen, um zu zeigen, daß sie Geld haben.

Meist wird der Wirt Ihnen sagen, was es zum Essen gibt; nur in feinen und teuren Restaurants finden Sie Speisekarten. Die Bestellung des Essens findet gemeinsam statt, und die Teller werden in die Mitte des Tisches gestellt. Jeder kann hingreifen. Wenn nicht einer für alle bezahlt, wird der Betrag aufgeteilt: Jeder gibt sein Scherflein dazu, ohne daß auf den Pfennig genau abgerechnet wird.

Die harmlose Unterhaltung während des Essens mag manchem Fremden wie ein leidenschaftlicher Streit vorkommen. Wenn einer schweigt – was selten genug vorkommt –, lärmt noch sein Blick. Manchmal spielen Musiker griechische Musik, aber die Modernisierung der Taverne hat der Live-Musik vielerorts ein Ende gesetzt.

Eßlokale im Überblick

estiatório	typisch griechisches Eßlokal. Es ist üblich, in die Küche zu gehen, um selbst zu sehen, was es an diesem Tag zu essen gibt.
majériko	eine Garküche. Da essen alle gesellschaftlichen Schichten zu Mittag. Man bestellt gleich in der Küche.
ouserí	ein kleines Lokal, in dem man *mesédhes* (Vorspeisen) ißt und *oúso* trinkt
psitopolío	hier wird alles gegrillt, vorwiegend Fleisch, wie *Souvlaki*, Fleisch am Spieß

ísastan chtés? *waren Sie gestern / wart ihr gestern?*
ímoun ekí *ich war dort*
as páme *lassen Sie uns gehen*
apópse *heute abend*
o katálojos *Speisekarte*
fisiká *natürlich*
kalí órexi *Guten Appetit*
stin filía mas *auf unsere Freundschaft*
íssoun? *warst du?*
ssímera *heute*
ke álo *noch*
o lojariasmós *Rechnung*
pos ítan? *wie war es?*
psilá *Klein-/Wechselgeld*

Diese Verben kennen Sie bereits

Die neugriechische Volkssprache hat keinen Infinitiv mehr. Die Grundform ist die 1. Person Singular vom Präsens.

	Präsens
écho	ich habe
íme	ich bin
píno	ich trinke
páo	ich gehe/fahre
thélo	ich will/möchte
káno	ich mache
xéro	ich weiß
féfjo	ich fahre ab
pináo	ich habe Hunger
me léne	ich heiße (wörtlich: *ich werde genannt*)
miláo	ich spreche
katalawéno	ich verstehe

	Futur
tha páo	ich werde gehen/fahren
tha páro	ich werde nehmen
tha pchiió	ich werde trinken
höflich:	
tha íthela	ich möchte

Vergangenheit – Hilfsverben

ímoun	ich war	ícha	ich hatte
ísoun	du warst	íchés	du hattest
ítan	er, sie, es war	íche	er, sie, es hatte
ímasten	wir waren	íchame	wir hatten
ísastan	ihr wart/Sie waren	íchate	ihr hattet/Sie hatten
ítan	sie waren	íchan	sie hatten

In der Taverne

Ísastan chtés stin tavérna «Kríti»?	Waren Sie gestern in der Taverne «Kreta»?
Ne, ímoun ekí, échi polí kaló fajitó.	*Ja, ich war dort, es gibt sehr gutes Essen.*
As páme apópse ekí.	Lassen Sie uns heute abend dort hingehen (-fahren).
Páme!	*Fahren wir!*

Oríste, o katálojos. Ti tha párete?	Bitte schön, die Speisekarte. Was nehmen Sie?
Ti íne «tsipoúra»?	*Was ist «tsipoúra»?*
Íne psári.	Das ist Fisch.
Íne frésko?	*Ist er frisch?*
Fisiká íne frésko.	Natürlich ist er frisch.
Mía tsipoúra ke énan mesé.	*Eine Meerbrasse und eine*
	Vorspeise.
Ti tha pchíite?	Was trinken Sie?
Mía bíra.	*Ein Bier.*

Kalí órexi.	Guten Appetit.
Efcharistó, stin filía mas.	*Danke, auf unsere Freundschaft.*
Pou ísoun chtés?	Wo warst du gestern?
Ímoun stin Thessaloníki	*Ich war in Thessaloniki,*
ke ssímera íme edhó.	*und heute bin ich hier.*
Thélis ke álo krassí?	Möchtest du noch Wein?
Ne, ásspro parakaló.	*Ja, weißen bitte.*

Garssón!! To lojariasmó parakaló.	Ober! Die Rechnung, bitte.
Oríste, pos ítan to fajitó?	*Bitte schön, wie war das Essen?*
Polí nóstimo.	Es hat sehr gut geschmeckt.
Oríste ta psilá ssas.	*Bitte schön, ihr Kleingeld*
	(Wechselgeld).
Íne jiá sas.	Ist für Sie.
Efcharistó.	*Danke.*
Jiássas.	Auf Wiedersehen.

1. Finden Sie die richtige Vergangenheitsform

1. Pou .... chtés? (íme)
2. .... stin Thessaloníki. (íme)
3. Stin Athína .... éna dhomátio sto xenodhochío «Kríti». (écho)
4. .... polí kaló fajitó chtés. (écho)
5. .... chtés sto aerodhrómio? (íme)

2. Was nehmen Sie? «ti tha párete»?

1. Fisch **2.** Wein vom Faß **3.** Bier **4.** einen starken und süßen Kaffee **5.** Ouzo mit Wasser **6.** Rotwein **7.** Vorspeise **8.** Nachspeise

3. Wie geht der Satz weiter?

1. Ísastan chtés stin
2. Páme
3. Ssímera tha páme
4. Chtés íchame
5. Garssón!!!

a stou ouserí «Antónis».
b tavérna «Pláka»?
c jiá fajitó.
d ton lojariasmó parakaló.
e polí nóstimo fajitó.

4. Setzen Sie die folgenden Verben ein

íme, écho, féfjo, xéro, páo, thélo, káno, léne, katalawéno, píno

1. I Eléni .... stin Kríti. **2.** I María ke o Jiánnis .... dhío mesédhes. **3.** To tréno .... améssos. **4.** Dhen .... pou íne to aerodhrómio. **5.** Ssímera .... stin Jiermanía.
6. .... éna oúso me neró parakaló.
7. Ti ....? **8.** Pos sse ....?
9. .... elliniká? **10.** .... mía bíra.

Die Speisekarte

Das gibt es:

mesés / orektikó – Vorspeise, *simariká* – Teigwaren, *psária* – Fische, *tis óras* auf Bestellung frisch zubereitete Gerichte, *kréata* – Fleischsorten, *pouleriká* – Geflügel, *katepsichména* – eingefrorene (meistens beim Fisch), *tiriá* – Käsesorten, *potá* – Getränke

So wird es zubereitet:

wrastó – gekocht, *tijanitó* – in der Pfanne gebraten
psitó – gegrillt oder im Rohr gebraten

Z

Alle Wörter

Restaurant

Vorspeise
o mesés

Nachspeise
to epidhórpio

Essen/Hauptgericht
to fajitó

Kellner
to garssón

Speisekarte
o katálojos

Rechnung
o lojariasmós

Wechselgeld
ta psilá

Taverne
i tavérna

Trinken

Bier
i bíra

Wein
to krassí

Weißwein
to ásspro krassí

Rotwein
to kókino krassí

Wein vom Faß
to warelíssio krassí

auf eure Gesundheit
stin ijiá ssas

Kaffee
o kafé

Wasser
to néro

sehr süß
waríjliko

einen Ouzo
éna oúso

Raki (selbstgebrannter kretischer Schnaps)
i rakí

auf unsere Freundschaft
stin filía ssas

Essen

Bohnensuppe
i fassoládha

Fisch
to psári

Brot
to psomí

Bauernsalat
i choriátiki

Obst
to froúto

guten Appetit
kalí órexi

Kleine Wörter

in Ordnung
entáxi

nachher
metá

natürlich
fisiká

noch
ke álo

heute
ssímera

heute abend
apópse

gestern
chtés

dort
ekí

Eigenschaftswörter

frische
o fréskos, i fréskia, to frésko

gegrillte
o psitós, i psití, to psitó

schmackhaft
o nóstimos, i nóstimi, to nóstimo

süß
o jlikós, i jlikiá, to jlikó

weiß
o ásspros, i ásspri, to ásspro

rot
o kókinos, i kókini, to kókino

Verb & Co

ich war
ímoun

ich hatte
íchá

ich habe Hunger
pínao

ich habe Hunger wie ein Wolf
pináo san ton líko

ich war dort
ímoun ekí

fahren wir!/ gehen wir!
as páme

ich werde nehmen
tha páro

waren Sie gestern / warst du gestern?
ísastan chtés?

trinken
píno

was werden Sie trinken?
ti tha párete?

Stimmlose Konsonanten

Θ, θ	**th** *wie im engl. think*
Κ, κ	**k** *wie das deutsche k*
Ξ, ξ	**x** *wie das deutsche x*
Π, π	**p** *wie das deutsche p*
Σ, σ (ς)	**ss** *wie das ß*
Τ, τ	**t** *wie das deutsche t*
Φ, φ	**f** *wie das deutsche f*
Χ, χ	**ch** *wie das deutsche ch*
Ψ, ψ	**ps** *ps*

Wörter mit den neuen Buchstaben

το θέμα	**théma**	*Thema*
καλός	**kalós**	*gut*
ο ξένος	**xénos**	*Fremder*
πίνω	**píno**	*trinken*
το κρασί	**krassí**	*Wein*
το τάβλι	**táwli**	*Spielbrett*
το φαγητό	**fajitó**	*Essen*
χαίρεται	**chérete**	*guten Tag*
τα ψιλά	**psilá**	*Kleingeld*

Getränke

το ούζο	**oúso**	*Ouzo*
ο χυμός	**chimós**	*Saft*
το γάλα	**jála**	*Milch*
ο καφές	**kafés**	*Kaffee*
το κακάο	**kakáo**	*Schokolade*
το νερό	**neró**	*Wasser*
το κρασί	**krassí**	*Wein*
η λεμονάδα	**lemonádha**	*Limo*
η μπύρα	**bíra**	*Bier*

Alle Buchstaben

ο μεζές	**mesés**	*Vorspeise*
η σούπα	**ssoúpa**	*Suppe*
το επιδόρπιο	**epidhórpio**	*Nachspeise*
τα ποτά	**potá**	*Getränke*
το ψάρι	**psári**	*Fisch*
το κρέας	**kréas**	*Fleisch*
τα λαχανικά	**lachaniká**	*Gemüse*
τα φρούτα	**froúta**	*Obst*

Ⓩ Hier fehlt's

Lesen Sie den Dialog durch, und tragen Sie die fehlenden Wörter ein. Wenn Sie nicht mehr weiterwissen, dann dürfen Sie auf die nächste Seite schielen:

To wráthi

Kalispéra!
Jiássas!
Ti tha .... ssímera?
Pináo polí échete .... fajitá?
Ne, échoume nóstima fajitá ke mesédhes.
Thélo .... mesédhes ke .... psári.
Thélete psitó psári?
Ne, ... ke éna krassí parakaló.
Efcharistó.

Jiássou Sophía.
Jiássou Andóni, ti kánis?
Kalá, essí?
Ke egó kalá. Páme apópse sto ....«Aristoteles»?
Apópse .... stin tavérna «Knossós».
Échi kalá .... stin tavérna?
Ne, póli .... fajitá, échi ke mesédhes. Tha jlífis ta dháchitila ssou.
As .... páme stin tavérna «Knossós».
Entáxi.

Garssón! Garssón!
Kalispéra!
Chérete. Ti tha ....?
Échete warelíssia bíra?
Dhen échoume warelíssia bíra, móno warelíssio ....
Ke ti fajito échete?
Échoume fréska .... ke polí nóstima fajitá.
Dhen thélo psária. Échete choriátiki?
Ne, fisiká.
Mía choriátiki ke warelíssio krassí parakaló.
Míbos thélete metá ....?
Dhen xéro.
Oríste, kalí órexi.

Garssón, ton lojariasmó parakaló.
Oríste. Ítan .... to fajitó?
Ne, polí nóstimo ke kaló krassí.
Míbos échete psilá?
Ne, écho ....
Efcharistó.

Hier steht's (Z)

Hören Sie sich den Dialog von der Kassette an, oder lesen Sie ihn sich durch. Vergleichen Sie dann die Lösungen, die Sie gefunden haben, und sprechen Sie einfach nach:

Am Abend

Kalispéra!
Jiássas!
Ti tha párete apópse?
Pináo polí. Ti échete?
Échoume nóstima fajitá.
Thélo pénte mesédhes ke éna psári.
Thélete psitó psári?
Ne, psitó ke mía bíra parakaló.
Efcharistó.

Jiássou María.
Jiássou Andrea, ti kánis?
Kalá, essí?
Ke egó kalá. Páme ssímera stin tavérna «Pláka»?
Apópse tha páo sto ouserí «Elládha».
Échi kálous mesédhes sto ouserí?
Ne, polí nóstimous mesédhes. Tha jlífis ta dhachtilá ssou.
As páme sto ouserí.
Entáxi.

Garssón!! Garssón!!
Kalispéra. Kalispéra. Ti tha párete?
Échete warelíssio krassí?
Ne, échoume.
Ke ti fajitó échete?
Échoume fréska psária ke polí nóstima fajitá.
Dhen thélo psária. Échete choriátiki?
Ne.
Mía choriátiki ke warelíssio krassí parakaló.
Míbos thélete metá epidhórpio?
Dhen xéro.
Oríste. Kalí órexi.

Ton lojariasmó parakaló.
Oríste. Ítan nóstimo to fajito?
Ne, polí nóstimo.
Échete psilá?
Sijnómi dhen écho.
Oríste.
Efcharistó.

Z

Prüfstand

1. Haben Sie aufgepaßt?

1. «*Ssou káno to trapési*» ist:

a Ich schenke dir einen Tisch.
b Ich werde einen Tisch für dich bestellen.
c Ich lade dich zum Essen ein.

2. «*Pináo san ton líko*» ist:

a Ich sehe wie ein Wolf aus.
b Ich habe Hunger wie ein Wolf (ich bin sehr hungrig).
c Der Wolf hat einen riesigen Hunger.

3. «*Tha jlífis ta dháchtila ssou*» ist:

a Du mußt deine Hände waschen.
b Es wird dir sehr gut schmecken.
c Laß die Finger davon.

4. «*Stin ijiá mas*» ist:

a Du sollst gesund bleiben.
b Zum Wohl, auf unsere Gesundheit.
c Die Gesundheit ist das wichtigste.

5. «*Kalós írthate*» ist:

a Willkommen.
b Sind Sie schon angekommen?
c Wann kommen Sie an?

6. «*Énan waríjliko kafé*» ist:

a Einen starken und süßen Kaffee.
b Einen schwarzen Kaffee.
c Einen mittelsüßen Kaffee.

7. «*Frappé*» ist:

a Ein kalter löslicher Kaffee.
b Ein heißer Kaffee, der nur im Winter getrunken wird.
c Ein Filterkaffee.

2. Sagen Sie's auf griechisch

1. das Essen **2.** die Vorspeise **3.** der Bauernsalat **4.** der Fisch **5.** das Brot **6.** die Nachspeise **7.** Obst **8.** die Rechnung **9.** gestern **10.** heute abend

3. Rätsel

1. Man wünscht es sich zum Essen.
2. Wenn das Essen sehr gut schmeckt, sagt man:
3. Man ißt da nur mittags.
4. Man bekommt dort nur gegrillte Gerichte.
5. Ausdruck für einen großen Hunger.
6. Man ißt da *mesédhes* und trinkt *oúso*.

4. Der Akkusativ (Einzahl und Mehrzahl) dieser Hauptwörter?

1. to trapési **2.** o lojariasmós **3.** o katálojos **4.** to fajitó **5.** to psári **6.** to froúto **7.** o mesés **8.** to psomí **9.** i tavérna **10.** i bíra **11.** to krassí **12.** to neró **13.** o kafés **14.** to garssón **15.** to epidhórpio

5. Sagen Sie's in der Vergangenheit

1. O Andónis .... stin Kríti. (íme)
2. I Eléni ke o Kóstas .... chtés stin tavérna «Knossós». (íme)
3. Ti .... chtés jiá fajitò? (écho)
4. Stin Jiermanía .... éna dhomátio me bánio ke balkóni. (écho)
5. Sto ouserí «Aristotélis» .... nóstimous mesédhes. (écho)
6. .... chtés sto kafenío. (íme)

6. Was paßt zusammen?

Hauptwörter: **1.** to fajitó **2.** to krassí **3.** to aerodhrómio **4.** i María **5.** Elliniká **6.** i tavérna **7.** Jiermaniká **8.** froúto **9.** to tréno

Verben: **a** écho **b** íme **c** píno **d** páo **e** thélo **f** xéro **g** féfjo **h** pináo **i** katalawéno **j** me léne

7. Verbinden Sie die Eigenschaftswörter mit den Hauptwörtern

1. o nóstimos	**a** krassí
2. to nóstimo	**b** mesés
3. o jlikós	**c** psári
4. to frésko	**d** kafés
5. i nóstimi	**e** froúto
6. to kókino	**f** fassoládha

Páo jiá psónia

Geschäfte und Märkte

Wer Griechenland zuletzt in den achtziger Jahren besucht hat, dem fallen die neuen Einkaufsmöglichkeiten auf: Jede Stadt wird beherrscht von Supermärkten – die kleinen *bakáliko*, Tante-Emma-Läden, sind längst ausgestorben.

Das Einkaufen in den riesigen Supermärkten hat das Leben der Einheimischen grundsätzlich verändert. Zwischenmenschliche Kontakte beim Einkaufen gibt es nur noch in der Erinnerung der älteren Leute. Vor zehn oder fünfzehn Jahren war das Wort Supermarkt ein Fremdwort, jetzt kennt es auch der 70jährige Opa.

In den Regalen der Supermärkte konkurrieren die griechischen und die importierten Produkte. Oft wird von den Griechen die Importware bevorzugt – bei Lebensmitteln weniger als bei Kleidung, Schuhen und Haushaltswaren. Die Preise sind zwar etwas teurer, aber der Grieche ist stolz, wenn es «made in Germany, France, Italy» ist.

Trotz der neuen Konsumtempel gibt es immer noch – man fragt sich nur, wie lange noch – die urgriechische Einrichtung des *períptero*, des Kiosks. Er steht an jeder Straßenecke, hat meist bis spät in der Nacht geöffnet und verkauft alles mögliche und unmögliche, ob Zigaretten, Zeitungen, Süßigkeiten, Eis, Getränke, Kugelschreiber, Kondome, Briefmarken oder

Nähzeug. Das Angebot ist scheinbar unerschöpflich. Außerdem gibt es oft ein Telephon mit Zähler, von dem aus Sie Auslandsgespräche führen können, etwas teurer als beim OTE-Telephonamt. Periptero ist ein Familienbetrieb, in dem jedes Familienmitglied ein paar Stunden am Tag zu arbeiten hat.

Die landwirtschaftlichen Produkte werden auf den Märkten, *laikí*, verkauft. Sie finden meistens samstags statt, weil die Bauern während der Woche arbeiten. Wundern Sie sich nicht, wenn auch lebende Tiere zum Kauf angeboten werden. In letzter Zeit sieht man auf solchen Märkten oft Russen, die Waren vom Schwarzen Meer verkaufen. Sehr beliebt sind Leinenstoffe. Wenn der Grieche einkaufen geht, dann kauft er kiloweise Gemüse, Obst, Käse oder Brot – Pfund oder gar Gramm sind Fremdwörter. In Supermärkten sieht man selten verpackte Waren für nur eine Person. Es gibt einfach noch nicht so viele Single-Haushalte.

Sehr eindrucksvoll sind die Schnitzereien aus Olivenholz, die meistens auf dem Land gemacht werden. Inzwischen gibt es auch Kleinmöbel aus Olivenholz; sie sind nicht gerade billig, aber das Olivenholz hat wirklich eine eigene Ästhetik. Die Ausfuhr von Antiquitäten oder archäologischen Funden ist verboten, und es drohen hohe Strafen. Empfehlenswert sind die Keramikwerkstätten, in denen nach alter Tradition gearbeitet wird. In manchen Gegenden gibt es regelrechte Töpferdörfer wie zum Beispiel Margarites bei Rethymnon auf Kreta.

i arithmí (pl.) die Zahlen

11	éndheka	**22**	ikossidhío	**150**	ekatón penínta
12	dhódheka	**30**	triánta	**200**	dhiakóssia
13	dhékatría	**31**	triánta éna	**300**	triakóssia
14	dhekatéssera	**40**	ssaránta	**400**	tetrakóssia
15	dhekapénte	**50**	penínta	**500**	péntakóssia
16	dhekaéxi	**60**	exínta	**600**	exakóssia
17	dhekaeptá	**70**	efdhomínta	**700**	eftakóssia
18	dhekaochtó	**80**	ojdhónta	**800**	ochtakóssia
19	dhekaenéa	**90**	eneninta	**900**	eniakóssia
20	íkossi	**100**	ekató	**1000**	chília
21	ikossiéna	**101**	ekatón éna	**2000**	dhío chiliádhes

ta míla *Äpfel*
ta kilá *Kilo(s)*
dhío *zwei*
mikró *klein*
to karpoúsi *Wassermelone*
tría *drei*
óla masí *alles zusammen*
chílies dhrachmés *tausend Drachmen*
boró na ajorásso? *kann ich kaufen?*
ta lachaniká *Gemüse (Plural)*
to manáwiko *Gemüse-/Obst-geschäft*
stin laikí *auf dem Bauernmarkt*
jiá psónia *zum Einkaufen*
mejálo *groß*
dhéka *zehn*
i ssakoúla *Plastiktüte*
ta portokália *Orangen*
chílies exakóssies *1600*

Kilo oder Pfund?

Die Griechen kaufen fast nie nur ein Pfund Obst oder Gemüse. Meistens wird's ein Kilo oder mehr.

Merkwürdiger griechischer Konjunktiv

Der griechische Konjunktiv steht da, wo im Deutschen der Infinitiv oft steht (z. B. ich möchte *essen*). Der Konjunktiv steht meistens mit anderen Verben im Satz:

Thélo na ajorásso froúta.	Ich möchte Obst kaufen.
Borís na ajorássis lachaniká.	Du kannst Gemüse kaufen.

Folgende Zahlen werden wie Eigenschaftswörter dekliniert

énas, mía, éna	ein, eine, ein
tris, tris, tría	drei (mask., fem., neutr.)
tésseris, tésseris, téssera	vier (mask., fem., neutr.)

In Verbindung mit Drachmen / i dhrachmés
Beispiel:
tésseris dhrachmés – 4 drs. / chílies dhrachmés – 1000 drs. / dhio chiliádhes dhrachmés – 2000 drs.

10 Reden

Einkaufen

Ti tha thélate?	Was möchten Sie?
Míla, parakaló.	*Äpfel bitte.*
Póssa kilá?	Wieviel Kilo?
Thélo dhío kilá.	*Ich möchte zwei Kilo.*
Ti álo thélete?	Was möchten Sie noch?
Thélo ke éna mikró karpoúsi.	*Ich möchte noch eine kleine Wassermelone.*
Tría kilá íne entáxi?	Ist es in Ordnung, drei Kilo?
Ne, polí kalá. Pósso kánoun óla masí?	*Ja, sehr gut. Was kostet alles zusammen?*
Chílies dhrachmés. Efcharistó.	1000 Drachmen. Danke.
Parakaló.	*Bitte.*

Míbos xérete, poú boró na ajorásso lachaniká?	Wissen Sie vielleicht, wo ich Gemüse kaufen kann?
Sto manáwiko.	*Im Gemüseladen.*
Poú íne to manáwiko?	Wo ist der Gemüseladen?
Ine polí kontá, tría leptá apó edhó.	*Es ist sehr nah, zwei Minuten von hier.*
Efcharistó.	Danke.

Pou pás Sophía?	Wohin gehst du, Sophia?
Páo stin laikí jiá psónia.	*Ich gehe auf dem Bauernmarkt zum Einkaufen.*
Páme masí?	Gehen wir zusammen?
Ne, páme.	*Ja, gehen wir.*

Thélo éna mejálo karpoúsi.	Ich möchte eine große Wassermelone.
Dhéka kilá?	*Zehn Kilo?*
Ne.	Ja.
Échete mía ssakoúla?	*Haben Sie eine Tüte?*
Ochi, dhen écho.	Nein, ich habe keine.
Ti álo thélete?	*Was möchten Sie noch?*
Thélo dhio kilá portokália apó tin Kríti. Pósso kánoun óla masí?	Ich möchte 2 Kilo Orangen aus Kreta. Was kostet alles zusammen?
Chílies exakóssies dhrachmés. Efcharistó.	*1600 Drachmen. Danke.*
Jiássas.	Auf Wiedersehen.

1. Welches Wort paßt nicht in die Reihe?

1. Pou boró na ssas ajorásso lachaniká?
2. Échi froúta sto to manáwiko?
3. Páo stin poú laikí jiá psónia.
4. Thélo éna ne mejálo karpoúsi.
5. Pósso kánoun óla sto masí?

2. Was kostet? – *pósso káni* oder *pósso kánoun*?

1. 1 Kilo Äpfel **2.** 2 Kilo Orangen **4.** 1 Kilo Brot **4.** 3 Kilo Gemüse
5. 9 Kilo Wassermelone **6.** 5 Kilo Honigmelone **7.** 3 Kilo Wein

3. Wie geht der Satz weiter?

1. Páo jiá psónia	**a** lachaniká?
2. Poú boró na ajorásso	**b** apó tin Kríti?
3. Échete portokália	**c** stin laikí.
4. Pósso káni	**d** mejálo karpoúsi.
5. Thélo éna	**e** óla masí?
6. Pósso kánoun	**f** to kiló?

4. Antworten Sie auf die Frage

1. Pou pas Marjaríta?	Páo stin ....
2. Thélete 2 kilá portokália?	Ne, ...
3. Páme masí stin laikí?	Óchi, dhen ....
4. Pou boró na ajorásso lachaniká?	Sto ....
5. Échi i laikí froúta?	Ne, ...

5. Der Verkäufer hat das nicht und sagt

Dhen écho ***karpoúsi*** – Ich habe keine Wassermelone.

1. Brot **2.** Orangen **3.** Honigmelone **4.** Gemüse **5.** Fisch **6.** Obst
7. Äpfel **8.** Wein

endbetontes boró:

bor-ó	ich kann
bor-ís	du kannst
bor-í	er, sie, es kann
bor-oúme	wir können
bor-íte	ihr könnt/Sie können
bor-oún	sie können

Kaufhäuser, wie wir sie kennen – mit ihrer Vielfalt an speziellen und exquisiten Angeboten –, gibt es derzeit nur in den beiden Großstädten Athen und Thessaloniki. Ansonsten dominieren die Supermärkte oder kleinere Warenläden.

Die großen internationalen Firmen der Modebranche haben sich inzwischen auch in Griechenland niedergelassen. Modische Bekleidung findet man in den Boutiquen. Jede Boutique hat ihre Stammkundschaft, und vor allem Frauen oder auch Männer, die gern und viel kaufen, kaufen oft auf Raten. Das Lieblingswort der Kaufsüchtigen ist *páo jiá psónia*, ich gehe einkaufen. In manchen Kleinstädten oder auf abgelegenen Inseln bekommt man nicht die neueste Mode. Man fährt in die nächste Großstadt, um einzukaufen. Die Preisunterschiede zwischen Kleinstadt und Großstadt sind erheblich.

Was aus dem Ausland kommt, ist gefragt. Griechische Erzeugnisse werden fast nur von den Leuten gekauft, deren finanzielle Möglichkeiten die Importware übersteigt. Die Griechen legen großen Wert auf die Marke, es muß Lacoste, Benetton, Nike sein, sonst ist es nicht gut.

Besondere Eigenschaftswörter

Diese Eigenschaftswörter stehen nur mit Gegenständen, Sachen oder anderen Hauptwörtern zusammen. Sie werden wie Hauptwörter dekliniert.

mask.	fem.	neutr.
o ellinikós der griechische	i ellinikí die griechische	to ellinikó das griechische
o italikós der italienische	i italikí die italienische	to italikó das italienische
o jiermanikós der deutsche	i jiermanikí die deutsche	to jiermanikó das deutsche

Beispielsätze:

thélo énan ellinikó kafé	ich möchte einen griechischen Kaffee
théli éna jiermanikó wiwlío	er möchte ein deutsches Buch
théloume italiká papoútsia	wir möchten italienische Schuhe

ta roúcha *Kleidung*
ta wiwlía *Bücher*
to polikatástima *Kaufhaus*
oréa *schön*
psáchno *ich suche*
to poulówer *Pullover*
jiá ména *für mich*
ti noúmero foráte? *was für eine Größe tragen Sie?*
avtó *dieses*
to papoutsídhiko *Schuhgeschäft*
ta papoútsia *Schuhe*
akriwá *teuer*
kríma *schade*
to pantelóni *Hose*
ekatón íkossi ochtó *einhundertachtundzwanzig*

Das Wort mit dem Zeigefinger: Demonstrativpronomen

Es wird wie ein Hauptwort/Eigenschaftswort dekliniert.

Einzahl

mask.	fem.	neutr.
avtós o dieser	avtí i diese	avtó to dieses

Mehrzahl

avtí i diese	avtés i diese	avtó ta diese

Avtó to pantelóni íne oréo.	Diese Hose ist schön.
Avtí i laikí íne mejáli.	Dieser Bauernmarkt ist groß.
Avtós o thrómos íne mikrós.	Diese Straße ist klein.

Geschlossen

Das Schild an der Eingangstür verrät, warum das Geschäft geschlossen ist.

klistó	geschlossen
klistó lójo dhiakopón	wegen Urlaub geschlossen
klistó lójo anakénissis	wegen Umbau geschlossen

11 Reden

Im Kaufhaus

Boró na ajorásso edhó roúcha?	Kann ich hier Kleidung kaufen?
Óchi, edhó dhen échoume roúcha, échoume móno wiwlía.	*Nein, hier haben wir keine Kleidung, wir haben nur Bücher.*
Míbos xérete éna polikatástima edhó kontá?	Kennen Sie vielleicht ein Kaufhaus hier in der Nähe?
Ne, to «Minion», íne polí kontá, ekí échi oréa roúcha.	*Ja, das «Minion», es ist sehr nah, dort gibt es schöne Kleidung.*

Ti tha thélate?	Was möchten Sie?
Psáchno éna poulówer jiá ména.	*Ich suche nach einem Pullover für mich.*
Ti noúmero foráte?	Was für eine Größe haben Sie?
Dhen xéro.	*Ich weiß nicht.*
Edhó échoume oréa poulówer.	Hier haben wir schöne Pullover.
Avtó íne oréo.	*Dieser ist schön.*
Ine líjo mikró.	Er ist ein bißchen klein.
Avtó ekí?	*Dieser dort?*
Oríste.	Bitte schön.
Efcharistó.	*Danke.*

Jiássou Plátona!	Hallo, Platona!
Jiássou Aspasía!	*Hallo, Aspasia!*
Pou pas?	Wohin gehst du?
Páo sto papoutsídhiko na ajorásso papoútsia.	*Ich gehe zum Schuhgeschäft, um Schuhe zu kaufen.*
Páme masí?	Gehen wir zusammen?
Ne páme.	*Ja, gehen wir.*
Íne akriwá?	Sind sie teuer?
Ne,ine.	*Ja, sind sie.*
Kríma.	Schade.

Jiássas!	Guten Tag!
Jiássas!	*Guten Tag!*
Psáchno éna pantelóni jiá tin kóri mou.	Ich suche eine Hose für meine Tochter.
Ti noúmero?	*Was für eine Größe?*
Ekatón íkossi ochtó.	128.
Efcharistó.	*Danke schön.*

1. Fragen Sie, wo Sie das kaufen können

Pou boró na ajorásso roúcha?

1. Kleidung **2.** Pullover **3.** Hose **4.** Bücher **5.** Schuhe **6.** Gemüse **7.** Äpfel **8.** Obst

2. Wie geht der Satz weiter?

1. jiássou
2. páo sto
3. páme masí
4. ti
5. pou boró
6. avtó to pantelóni
7. ti noúmero

a na ajorásso wiwlía?
b papoutsídhiko
c íne polí oréo
d Plátona
e sto polikatástima
f foráte?
g psáchete?

3. Welche ist die richtige Übersetzung?

1. Pou pás?
a Wohin gehst du?
b Ich gehe dorthin.

2. Thélo papoútsia jiá ména.
a Ich habe schöne Schuhe.
b Ich möchte Schuhe für mich.

3. Ta wiwliá kánoun íkossi chiliádhes dhrachmés.
a Die Bücher kosten 20000 drs.
b Es gibt 20000 Bücher.

4. Ti noúmero foráte?
a Welche Nummer ist das?
b Welche Größe tragen Sie?

5. Kríma!
a Dieser.
b Schade.

4. Richtige Endung gesucht

1. Boroúme na ajoráss........... edhó roúcha? **2.** Míbos xér .... éna polikatástima edhó kontá? **3.** Ekí éch .... oréa roúcha. **4.** O Jiánnis psáchn .... éna jiermanikó wiwlío. **5.** I Eléni thél .... na ajoráss .... italiká papoútsia. **6.** I María ke o Pétros psáchn .... éna ellinik .... polikatástima.

5. Sagen Sie's auf deutsch

1. Psáchno éna poulówer jiá ména.
2. Thélo na ajorásso elliniká wiwlía.
3. Pou boró na ajorásso italika wiwlía?
4. Edhó échoun oréa poulówer.
5. Xérete éna papoutsídhiko ethó kontá?

Was wäre eine Reise ohne ein paar eindrucksvolle Mitbringsel für die Daheimgebliebenen? An Souvenirläden herrscht kein Mangel, und die Verständigung in solchen Läden ist ganz einfach, denn die meisten Verkäuferinnen sprechen viele Sprachen. Was angeboten wird, ist meist Massenkitsch: pseudoantikes Gerümpel, Nachbildungen altgriechischer Skulpturen oder T-Shirts à la «I love Greece». Wer etwas wirklich Traditionelles kaufen möchte, muß sich ein wenig auf die Suche begeben. Es gibt immer noch den alten Schuster, der traditionelle Stiefel und Schuhe macht, und den alten Töpfer, dessen nicht immer billige Keramik sich in kleinen Läden versteckt findet. Erfolgversprechend ist vielleicht ein Besuch der Flohmärkte in den großen Städten. Dort ist die Auswahl international. Nippes und Nützliches, Häßliches und Geschmackvolles warten auf neue Besitzer. Hier darf noch gefeilscht werden, obwohl die Lust am Feilschen in letzter Zeit nachgelassen hat – Griechenland entorientalisiert sich. Empfehlenswert sind: schöne Lederwaren, z. B. Sandalen oder große und kleine Taschen, die preiswert und haltbar sind, Messingschmiedearbeiten, vor allem Kerzenleuchter in verschiedenen Größen und die schmalen, runden Mokkamühlen, Antiquitäten, wobei nicht alles antik ist, was da verkauft wird, oder Schach- und Tawlispiele aller Art mit den verschiedensten Figuren, zum Teil aus der griechischen Mythologie.

Eine große Auswahl an mediterranen Kräutern findet sich auf den Märkten: Oregano, Thymian, Majoran, Salbei, Bohnenkraut, Rosmarin, Dill und viele andere mehr. Wer eine Nase und einen Gaumen dafür hat, kann sich leicht seinen Jahresbedarf mit nach Hause nehmen.

Öffnungszeiten

Nur Supermärkte sind durchgehend geöffnet. In Athen sollten eigentlich alle Geschäfte durchgehend offen sein, nur halten die Besitzer sich oft nicht daran. In der Zeit der Siesta von 13.30 Uhr bis 17.00 Uhr schließen die meisten Läden. Montag, Mittwoch und Samstag haben Gemüseläden nur vormittags geöffnet.

Verben

poul-ó / -áo	ich verkaufe
poul-ás	du verkaufst
poul-á / -ái	er, sie, es verkauft
poul-áme	wir verkaufen
poul-áte	ihr verkauft, Sie verkaufen
poul-áne / -án	sie verkaufen

pouló – ich verkaufe, ist endbetont und hat zwei Endungen

akriwós *genau*

málon *wahrscheinlich*

ssouwenír *Souvenir*

ftiná *billig*

ríxte mía matiá *schauen Sie sich um*

to bríki *Gefäß für griech. Kaffee*

ellinikó kafé *griechischen Kaffee*

pouláte / pouláne? *verkaufen Sie, verkauft ihr?*

to supermárket *Supermarkt*

mou aréssi *es gefällt mir*

pió *welches*

to dhóro, ta dhóra *Geschenk, Geschenke*

jiá ándres *für Männer*

ssas aréssi? *gefällt es Ihnen?*

to táwli *Spielbrett*

pésoun *sie spielen*

to ájalma *Statue*

piá íne avtí? *wer ist das?*

i theá *Göttin*

Schauen Sie sich um!

ríxte miá matiá – werfen Sie einen Blick
ríchno miá matiá – ich werfe einen Blick, ich schaue mich um

welcher, welche, welches

Einzahl

männlich	weiblich	sächlich
piós welcher	piá welche	pió welches

Piós ándras íne edhó?	Welcher Mann ist hier?
Piá fíli sou íne stin Athína?	Welche Freundin von dir ist in Athen?
Pió táwli thélis?	Welches Spielbrett möchtest du?

Verb mit Dativ-Pronomen

mou aréssi	mir gefällt
ssou aréssi	dir gefällt
tou aréssi	ihm gefällt
tis aréssi	ihr gefällt
mas aréssi	uns gefällt
ssas aréssi	euch gefällt/Ihnen gefällt
tous aréssi	ihnen gefällt

Auf Souvenirjagd

Ti tha thélate?	Was möchten Sie?
Dhen xéro akriwós, málon ssouwenír.	*Ich weiß nicht genau, wahrscheinlich ein Souvenir.*
Échoume oréa ke ftiná ssouvenír. Ríxte mía matiá.	Wir haben schöne und billige Souvenirs. Schauen Sie sich um.
Ti íne avtó edhó?	*Was ist das hier?*
Ine bríki.	Es ist ein Briki.
Ti kánoun me to bríki?	*Was macht man mit dem Briki?*
Kánoume ellinikó kafé.	Wir machen griechischen Kaffee.
Pouláte ke kafé?	*Verkaufen Sie auch Kaffee?*
Óchi, sto supermárket pouláne kafé.	Nein, im Supermarkt verkaufen sie Kaffee.
Thélo na ajorásso éna bríki.	*Ich möchte ein Briki kaufen.*
Pió thélete?	Welches möchten Sie?
Avtó edhó.	*Dieses hier.*
Íne jiá dhóro?	Ist es ein Geschenk?
Óchi, íne jiá ména.	*Nein, es ist für mich.*

Jiássas! Míbos échete dhóra jiá ándres?	Guten Tag, haben Sie vielleicht Geschenke für Männer?
Ne, fisiká. Avtó edhó sas aréssi?	*Ja natürlich. Gefällt Ihnen dieses hier?*
Ti íne avtó?	Was ist das?
Íne táwli, stin Elládha pesoún i ándres táwli.	*Es ist ein Spielbrett, in Griechenland spielen die Männer Tawli.*
Tha to ajorásso.	Ich werde es kaufen.

Psáchno éna ájalma.	Ich suche nach einer Statue.
Ti ájalma thélete?	*Was für eine Statue möchten Sie?*
Éna mikró oréo ájalma.	Eine kleine, schöne Statue.
Oríste éna ájalma.	*Bitte schön, eine Statue.*
Piá íne avtí?	Wer ist das?
Íne i theá Afrodhíti.	*Es ist die Göttin Aphrodite.*
Dhen thélo avtó to ájalma, thélo éna archéo ájalma.	Ich möchte diese Statue nicht, ich möchte eine Statue aus der Antike.
Ssijnómi, edhó dhen pouláme archéa ajálmata. Avtá íne sto moussío.	*Sorry, hier verkaufen wir keine Statuen aus der Antike. Die sind im Museum.*
Sto moussío? Kríma!!!	Im Museum? Schade!!!

12

Üben

1. Fragen Sie: «Gefällt Ihnen das?»

Ssas aréssi to dhóro?

1. das Geschenk **2.** der Kaffeetopf **3.** das Museum **4.** die Statue
5. das Spielbrett **6.** Griechenland

2. Setzen Sie ein: *piós, piá* oder *pió*?

1. .... íne avtós? Íne o Dhimítris
2. .... íne avtí? Íne i Afrodhíti
3. .... íne parakaló? Íme i María
4. .... íne edhó? Íne o Níkos

3. Was verkaufen Sie? Sagen Sie es in der Mehrzahl

*Ti pouláte?– **Pouló dhóra*** – ich verkaufe Geschenke

1. táwli **2.** bríki **3.** ájalma **4.** ssouwenír **5.** pantelóni **6.** wiwlío

4. Welche Antwort paßt?

1. Ti tha thélate?
a Dhen xéro akriwós.
b Écho éna ssouvenír.

2. Ti íne avtó?
a Avtó íne edhó.
b Íne bríki.

3. Pouláte ke kafé?
a Óchi, dhen pouló kafé.
b Dhen píno kafé.

4. Pésete táwli?
a Dhen péso táwli.
b Mou aréssi to táwli.

5. Échete archéo ájalma?
a I Afrodhíti íne sto moussío.
b Óchi, dhen écho.

6. Íne ftinó avtó?
a Íne polí ftinó.
b Óchi, íne akriwó.

5. Setzen Sie ein: *pouló* oder *péso*?

1. O Kóstas .... málon táwli.
2. I Sophía ke i kóri ssou .... me ta dhóra.
3. O Aristotélis .... ssouwenír.
4. O Sokrátis .... sto moussío.
5. Stin Elládha dhen .... archéa ajálmata.
6. .... dhóra?

6. Was kostet es?

*Pósso káni? - **Káni tris chiliádhes dhrachmés.***

1. 1550 drs **2.** 1000 drs **3.** 800 drs **4.** 4000 drs **5.** 3500 drs **6.** 10 000 drs

Z

Alle Wörter

Besorgungen

Bauernmarkt
i laikí

Apfel
to mílo

Orange
to portokáli

Wassermelone
to karpoúsi

Honigmelone
to pepóni

Gemüse
ta lachaniká

Plastiktüte
i ssakoúla

Kilo
to kiló

Gemüse-/ Obstladen
to manáwiko

Schuhgeschäft
to papoutsídhi-ko

Supermarkt
to supermárket

Souvenirs

Geschenk
to dhóro

Kaffeetopf
to bríki

Statue
to ájalma

Spielbrett
to táwli

Göttin
i theá

Verb & Co

ich spiele
péso

ich suche
psáchno

was für eine Größe haben Sie?
ti noúmero foráte?

ich kann
boró

ich gehe ein-kaufen
páo jiá psónia

wo kann ich kaufen?
pou boró na ajorásso?

ich verkaufe
pouló

es gefällt/ schmeckt mir
mou aréssi

schauen Sie sich um
ríxte mía matiá

wer ist das?
piá íne avtí?

Eigenschaftswörter

klein
o mikr-os (mask.), i mikr-í (fem.), to mikr-ó (neutr.)

groß
o mejál-os, i -i, to -o

billig
o ftin-ós, i -í, to -ó

griechisch
o ellinik-ós, i -í, to -ó

italienisch
o italik-ós, i -í , to -ó

deutsch
o jiermanik-ós, i -í , to -ó

teuer
o akriw-ós, i -í, to -ó

antik
o arché-os, i -a, to -o

schön
o oré-os, i-a, to -o

Im Kaufhaus

Kleidung
ta roúcha

Kaufhaus
to polikatástima

Schuhe
ta papoútsia

Schuhgeschäft
to papoutsídhiko

Pullover
to poulówer

Buch
to wiwlío

Hose
to pantelóni

für Männer
jiá ándres

Kleine Wörter

schade
kríma

für mich
jiá ména

wahrscheinlich
málon

genau
akriwós

wer ist das?
piá íne avtí?

welche, wel-che, welches
piós, piá, pió

dieser, diese, dieses
avtós, avtí, avtó

alles zusam-men
óla masí

Kombination von Vokalen

αι	**ai** *e*	
ει	**ei** *i*	
οι	**oi** *i*	
ου	**ou** *u*	
αυ	**au** *af oder aw*:	**af** *vor stimmlosem Konsonanten* **aw** *in allen sonstigen Fällen*
ευ	**eu** *ef oder ew*:	**ef** *vor stimmlosem Konsonanten* **ew** *in allen sonstigen Fällen*

Wörter mit den neuen Buchstaben

λέει	**léi**	*er sagt*
είμαι	**íme**	*ich bin*
ναι	**ne**	*ja*
το εικόνα	**ikóna**	*Ikone*
ο ουρανός	**ouranós**	*Himmel*
μένει	**méni**	*er wohnt*
μαθαίνω	**mathéno**	*ich lerne*
αυτός	**avtós**	*er, dieser*
αύριο	**áwrio**	*morgen*
Εύα	**Éwa**	*Eva*
ευχαριστώ	**efcharistó**	*danke*
μαζεύω	**maséwo**	*sammeln*

Wörter aus den Lektionen 10–12

τα ρούχα	**roúcha**	*Kleidung*
το νούμερο	**noúmero**	*Größe*
η σακούλα	**i ssakoúla**	*Tüte*
το καρπούζι	**to karpoúsi**	*Wassermelone*
πουλώ	**pouló**	*verkaufen*
αρέσει	**aréssi**	*gefällt*
αρχαίος	**archéos**	*antik*
παίζω	**péso**	*spielen*
ωραίος	**oréos**	*schön*

Hier wird man sein Geld los

το σουβενίρ	**ssouvenír**	*Souvenir*
το πολυκατάστημα	**polikatástima**	*Kaufhaus*
το φαρμακείο	**farmakío**	*Apotheke*
η τράπεζα	**trápesa**	*Bank*
το παπουτσίδικο	**papoutsídhiko**	*Schuhgeschäft*
το μανάβικο	**manáwiko**	*Gemüseladen*
η ταβέρνα	**tavérna**	*Taverne*

(Z) Hier fehlt's

Lesen Sie sich den Dialog durch, und tragen Sie die fehlenden Wörter ein. Wenn Sie nicht mehr weiterwissen, dann dürfen Sie auf die nächste Seite schielen:

Páo jiá psónia

Chérete!
Chérete!
Ti tha párete parakaló?
Thélo éna dhóro jia ton jió mou.
Xérete akriwós ti ....?
Dhén xéro akriwós.
Ssas aréssi avtó to ....?
Óchi, dhen ....aréssi avtó to poulówer.
Míbos échete papoútsia jiá ....?
Óchi, dhen échoume papoútsia jiá ándres, échoun sto papoutsíthiko.
Ti íne avtó edhó?
Íne pantelóni. Théli pantelóni ....ssas?
Málon ne.
Ti noúmero ....?
Ekatón exínta.
Oríste, avtó íne to noumeró ....íne oréo ke ftinó ....
Pósso káni?
....
Oréa! Oríste dhéka chiliádhes dhrachmés.
Efcharistó. Oríste ta psilá ssas!
Antío!

Pou pas Katerína?
Páo stin laikí.
Essi stin ....? Ti tha kánis ekí?
Thélo na ajorásso ....jia tin mamá mou.
Pou íne i ....?
Íne sto papoutsíthiko, metá tha páo ekí.
Polí oréa ke egó tha páo sto papoutsíthiko.

Psáchno éna ssouwenír. Pouláte ssouwenír?
Ne, pouláme elliniká ssouwenír.
Thélo éna ....ke ....ájalma.
Thélete éna mikró oréo ájalma?
Ne.
Avti edhó íne i «Afrodhíti».
Pósso káni?
Móno ....
Entáxi. Oríste chílies dhrachmés.
Efcharistó.
Antío.

Hören Sie den Dialog von der Kassette an, oder lesen Sie ihn sich durch. Vergleichen Sie dann die Lösungen, die Sie gefunden haben, und sprechen Sie einfach nach:

Ich gehe einkaufen

Chérete!
Jiássas!
Ti tha thélate parakaló?
Psáchno éna dhóro jiá tin kóri mou.
Xérete akriwós ti thélete?
Dhén xéro akriwós.
Míbos thélete éna poulówer?
Óchi, dhen tis aréssi to poulówer.
Míbos échete papoútsia?
Óchi, dhen échoume, papoútsia échoun sto papoutsíthiko.
Ti íne avtó edhó?
Íne pantelóni. Théli pantelóni i kóri ssas?
Málon ne.
Ti noúmero forá?
Ekatón exínta.
Oríste avtó íne to noúmero tis. Íne oréo ke ftinó pantelóni.
Pósso káni?
Eftá chiliádhes dhrachmés.
Oréa!!! Oríste dhéka chiliádhes dhrachmés.
Efcharistó. Oríste ta psilá ssas!
Antío!

Pou pas Eléni?
Páo ston «Antóni».
Essí ston «Antóni»? Ti tha kánis ekí?
Thélo éna dhóro jiá ton Gerd.
Íne edhó o Gerd?
Óchi, íne stin Jiermanía ke egó tha páo apópse.
Polí oréa! Kaló taxídhi.
Efcharistó.
Jiássou.

Psáchno éna ssouwenír. Pouláte ssouwenír?
Ne, échoume elliniká ssouvenír.
Thélo éna ftinó ke mikró.
Thélete éna mikró, oréo ájalma?
Ne, oréa.
Avtí edhó íne i theá «Athiná».
Pósso káni?
Móno chílies dhrachmés.
Entáxi. Oríste chílies dhrachmés.
Efcharistó.
Jiássas.

Z

Prüfstand

1. Haben Sie aufgepaßt?

1. Was heißt «ríxte mía matiá»?

a der Blick von hier aus ist schön
b ich werfe einen Blick
c schauen Sie sich um

2. Was heißt «klistó lójo dhiakopón»?

a wegen Krankheit geschlossen
b wegen Umbau geschlossen
c wegen Ferien geschlossen

3. Was heißt «klistó lójo anakénissis»?

a wegen Umbau geschlossen
b wegen Hochzeit geschlossen
c wegen Feiertag geschlossen

4. Wie heißt der Kaffeetopf für griechischen Kaffee?

a to táwli
b to bríki
c to dhóro

5. Was bedeutet «manáwiko»?

a Kaufhaus
b Fischgeschäft
c Gemüse-/Obstladen

2. Fragen Sie ...

1. Wieviel ein Kilo Äpfel kostet. **2.** Wo ich Kleidung kaufen kann. **3.** Wo ich Geschenke kaufen kann. **4.** Wo ich Gemüse kaufen kann. **5.** Wieviel 5 Kilo Wassermelone kostet. **6.** Wo ich eine antike Statue kaufen kann.

3. Einsetzen, aber richtig: *«mou aréssi»*

to aréssi to mílo (ihm)

1. .... to karpoúsi? (ihr)
2. .... avtó to ájalma (uns)
3. Dhen .... avtó to polikatástima (ihnen)
4. .... o ellinikós kafés? (ihnen)
5. .... to dhóro sou (mir)
6. .... to poulówer mou? (dir)
7. .... i laikí (uns)

4. Rätsel

1. Das braucht man täglich.
2. Das braucht man beim Einkauf, wenn man keine Tasche hat.
3. Da kauft man Gemüse und Obst ein.
4. Damit kocht man den griechischen Kaffee.
5. Das typische Männerspiel in Griechenland.

5. Welche Übersetzung ist richtig?

1. Échoume oréa ke ftiná ssouwenír.

a Wir haben schöne und billige Souvenirs.
b Wir haben keine Souvenirs.

2. Me to bríki kánoume ellinikó kafé.

a Briki ist eine Sorte vom griechischen Kaffee.
b Mit dem Briki kocht man griechischen Kaffee.

3. Avtó edhó ssas aréssi?

a Gefällt Ihnen dieses hier?
b Sie gefallen ihm.

4. Sijnómi, edhó dhen pouláme archéa ajálmata.

a Die Statuen werden verkauft.
b Entschuldigung, hier verkaufen wir keine antiken Statuen.

5. Páo jiá psónia stin laikí.

a Ich habe schon auf dem Bauernmarkt eingekauft.
b Ich gehe auf dem Bauernmarkt einkaufen.

6. Sagen Sie die Zahlen

1. 21	**2.** 101	**3.** 155	**4.** 52
5. 89	**6.** 100	**7.** 1000	**8.** 16
9. 25	**10.** 400	**11.** 500	**12.** 130

Das Wort für Familie, *ikojénia*, besteht aus zwei Wörtern: *íkos*, Haus, und *jénos*, Abstammung. Die Familie ist eine wichtige Institution der Gesellschaft. Die Identität eines jeden ist eng verknüpft mit seiner Familie. Ein wesentliches gesellschaftliches Kriterium ist, aus welcher Familie man stammt.

Die Familienbande sind eng und verhindern ein allzu abruptes Brechen mit den Traditionen; trotzdem verschwinden langsam die alten Bräuche, vor allem in der Großstadt. Noch wird die berufliche Laufbahn der jun-

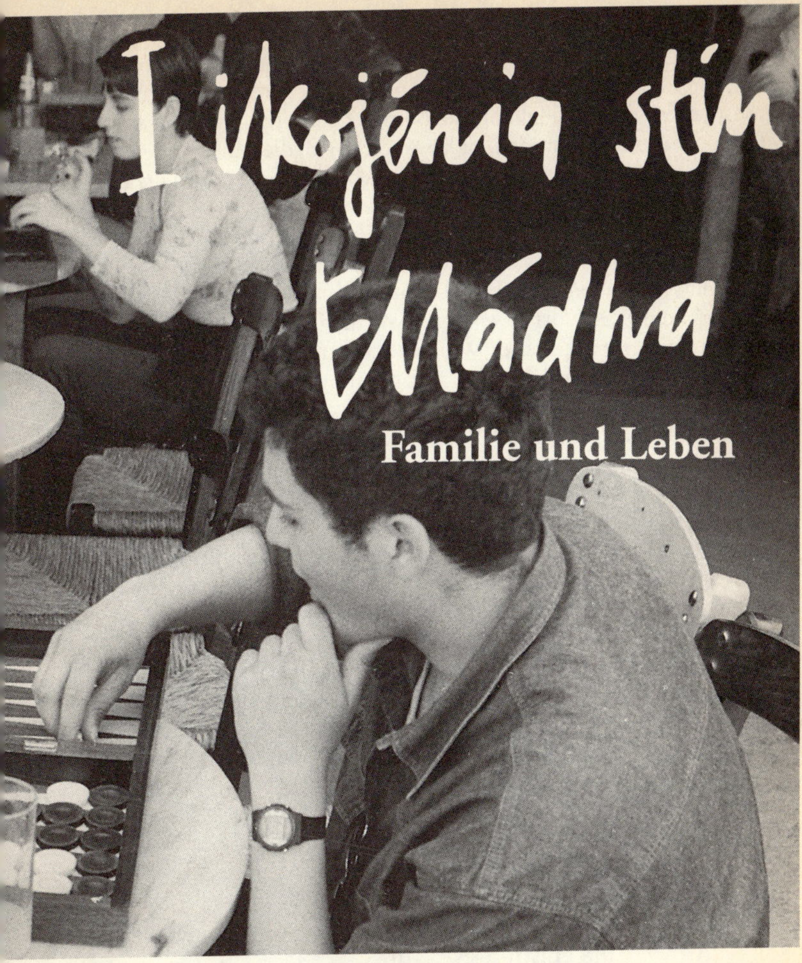

I ikojénia stin Elládha

Familie und Leben

gen Leute meist von den Eltern bestimmt; sie haben noch ein gewichtiges Wort bei der Verheiratung ihrer Kinder – insbesondere der Töchter – mitzureden. Immer noch herrscht der Brauch der Mitgift für die Töchter der Familie. Ein Sprichwort sagt: Ein Mädchen ohne Mitgift ist tot geboren. Vor allem auf dem Lande muß der Verdienst des Vaters und der Brüder in Mitgift angelegt werden, wenn die Tochter oder Schwester unter die Haube soll. Die Mädchen in den Dörfern haben häufig nicht die Freiheit in der Wahl ihres Partners, und wenn man sie ihnen läßt, dann greifen sie in ihrer Unerfahrenheit leicht daneben, da sie schnell und bei der erstbesten Gelegenheit dem elterlichen Käfig zu entfliehen trachten. Die Ehe auf dem Lande ist unantastbar. Auf sie trifft immer noch zu, was Demosthenes von den Helleninnen seiner Zeit berichtet: «Wir besitzen Hetären für unser Vergnügen, Sklavinnen zur Bedienung und eine Gemahlin, die uns Kinder gebärt und in ergebener Treue das Haus hütet.»

Die jüngere Generation in den Städten geht mehr und mehr ihren «modernistischen» Weg, während die Dörfler noch stärker an überlieferte Traditionen gebunden sind. Die Jugend Griechenlands sehnt sich nach Ausländischem, das Wort *xenomanía*, wörtlich übersetzt: «Sucht nach dem Fremden», ist der Trend. Wie der Schwamm das Wasser saugt der Grieche das Fremde in sich auf: Er ist Kosmopolit und Patriot zugleich. Immer noch aber gibt es unter den jungen Leuten viele, die nicht unbedingt allem Alten einfach den Rücken kehren. So erhalten sich teilweise die familiären Bräuche, wie zum Beispiel das Zusammenwohnen aller Generationen unter einem Dach. Die erwachsenen Kinder ziehen erst dann von zu Hause aus, wenn sie heiraten. Auch aus Bequemlichkeit, denn das Selbstversorgen kostet Zeit und Geld. Oft reicht auch der Lohn nicht, um sich eine eigene Wohnung zu mieten. «Wohngemeinschaft» gibt es nicht, also bleibt nur der «Goldkäfig» Familie.

Es gibt eine außerfamiliäre Beziehung, die für alle Griechen sehr wichtig ist: die zum *koumbáros*, dem Trauzeugen oder Taufpaten. Seine Rolle in der Familie ist von großer Bedeutung: Er ist der beste Freund und bleibt dies zeit seines Lebens, weswegen er sorgfältig ausgesucht wird. Der Koumbaros gilt als der geistige Vater des Kindes. Er wird bei allen wichtigen Fragen im Leben zu Rate gezogen.

Futur

tha epistrép-o	ich werde zurückkommen
tha epistrép-sis	du ...
tha epistrép-si	er ...
tha epistrép-soume	wir ...
tha epistrép-sete	ihr / Sie ...
tha epistrép-soun	sie ...
tha pár-o tiléfono	ich werde anrufen
tha pár-is tiléfono	du ...
tha pár-i tiléfono	er ...
tha pár-oume tiléfono	wir ...
tha pár-ete tiléfono	ihr / Sie ...
tha pár-oun tiléfono	sie ...

embrós *hallo! herein!*
sto spíti *zu Hause*
póte *wann*
tha epistrépso *ich werde zurückkommen*
perípou *ungefähr*
stis éxi *um sechs*
tha páro tiléfono *ich werde anrufen*
xaná *wieder*
piós íne? *wer ist dran (am Telefon)?*
o chrónos *Zeit*
tóra *jetzt*
se tris óres *in drei Stunden*
sto théatro *ins Theater*
ti óra? *um wieviel Uhr?*
stis enéa *um neun*
alá *aber*
kourasméni/kourasménos *müde (fem./mask.)*
áwrio *morgen*
méchri *bis*

Zeitgefühl

Die griechische Zeit hat eine andere Anatomie. Die Grenzen zwischen Vergangenheit, Gegenwart und Zukunft sind nicht streng festgelegt. Das Wort *chtés*, gestern, kann Jahre zurückliegen, und *áwrio*, morgen, ist manchmal morgen, es kann aber auch eine Woche später sein. Ein «ich werde in zwei Minuten kommen» kann gut und gerne mehrere Stunden dauern.

Um wieviel Uhr?	***ti óra?***
um 1.00 Uhr	mia (i óra)
um 2.15 Uhr	stis dhío ke tétarto
um 3.30 Uhr	stis tris ke missí
um 3.40 Uhr	stis tésseris pará íkossi
Wie spät ist es?	Ti óra íne?
Es ist Viertel nach zwei.	Íne dhío ke tétarto
Um wieviel Uhr fängt das Theater an?	Ti óra archísi to théatro?
Um acht Uhr.	Stis ochtó

i méres tis ewdhomáthas	**Die Wochentage**
i dhevtéra	Montag
i tríti	Dienstag
i tetárti	Mittwoch
i pémpti	Donnerstag
i paraskewí	Freitag
to ssáwato	Samstag
i kiriakí	Sonntag
Póte tha epistréspisis sto spíti?	Wann kommst du nach Hause?
***Tin** dhevtéra.*	Am Montag.

Auf die Frage *póte* – wann antwortet man mit Akkusativ.

13 Reden

Am Telefon

Embrós!	Hallo!
Jiássas, íme i Afrodhíti.	*Guten Tag, ich bin Afroditi.*
Míbos íne o Andréas sto spíti?	*Ist vielleicht Andreas zu Hause?*
Óchi, dhen íne edhó.	Nein, er ist nicht hier.
Póte tha epistrépsi?	*Wann wird er zurückkommen?*
Perípou stis éxi.	Gegen 6.00 Uhr.
Efcharistó, tha páro xaná tiléfono.	*Danke, ich werde wieder anrufen.*

Embrós!	Hallo!
Jiássou Níko, ti kánis?	*Grüß dich, Niko, wie geht's?*
Piós íne parakaló?	Wer ist da, bitte?
Íme i Pinelópi	*Ich bin's, Pinelopi.*
Jiássou Pinelópi, kalá íme.	Grüß dich, Pinelopi, mir geht es gut.
Échis chróno?	*Hast du Zeit?*
Tóra óchi, se tris óres.	Jetzt nicht, in 3 Stunden.
Páme apópse sto théatro? Échi tin «Lyssistráti» tou Aristopháni.	*Gehen wir heute abend ins Theater? Es gibt die «Lyssistrate» von Aristophanes.*
Polí oréa, ti óra, ke poú?	Sehr schön, um wieviel Uhr und wo?
Stis enéa, sto théatro «Pláka».	*Um 9.00 Uhr im Theater «Plaka».*
Entáxi.	In Ordnung.

Parakaló, piós íne?	Bitte, wer ist da?
I Antijóni.	*Die Antijoni.*
Jiássou Antijóni, poú íssoun chtés?	Hallo, Antijoni, wo warst du gestern?
Sto ouserí «Nikos».	*In der Ouseri «Nikos».*
Ke ssímera ti tha kánis?	Und was machst du heute?
Échis chróno?	Hast du Zeit?
Ne, écho chróno, alá íme kourasméni.	*Ja, ich habe Zeit, aber ich bin müde.*
Kríma!	Schade!
Áwrio écho chróno méchri tis dhéka.	Morgen habe ich Zeit bis zehn Uhr.
Páme stin ajorá?	*Gehen wir zum Markt?*
Ne, entáxi. Ti óra?	Ja, in Ordnung. Um wieviel Uhr?
Stis enéa, sto kafenío «Ellinikó».	*Um 9 Uhr, im Café «Ellinikó».*
Jiássou.	Tschüs.

1. Setzen Sie die richtige Form von «tha epistrépso» ein

1. I Antijóni .... stis ochtó to wrádhi.
2. Póte .... o Márkos ke i Pinelópi?
3. Awrio .... stis éndheka sto spíti.
4. O Achiléas .... stis dhío ke tétarto edhó.
5. Dhen .... áwrio stis pénte pará pénte?

2. Um wieviel Uhr?

1. um 12.30 **2.** um 7.20 **3.** um 21.45 **4.** um 14.10 **5.** um 3.15
6. um 19.55 **7.** um 22.25 **8.** um 8.20

3. Setzen Sie die folgenden Wörter ein

perípou – gegen, ungefähr, *xaná* – wieder, *embrós* – hallo, *alá* – aber, *méchri* – bis

1. Tha páro .... áwrio tiléfono.
2. Tha páo .... stis dhío sto spíti.
3. .... piós íne?
4. Écho chróno .... íme kourasméni.
5. Jiássou Pinelópi, ... áwrio.

4. Wann kommt Odysseus nach Ithaka zurück?

Póte tha epistrépsi o Odysséas stin Itháki? – ***Tin dhevtéra.***

1. am Montag **2.** am Dienstag **3.** am Mittwoch **4.** am Donnerstag
5. am Freitag **6.** am Samstag **7.** am Sonntag

5. Wie geht der Satz weiter?

1. Ti óra
2. Póte tha
3. Awrio tha
4. Perípou stis enéa
5. To Ssáwato tha páo
6. Écho chróno
7. Méchri

a páo ssinemá.
b áwrio.
c íne parakaló?
d tha se páro tiléfono.
e alá íme kourasméni.
f sto théatro.
g epistrépsis sto spíti?

Geselligkeit ist unverzichtbar, kein Grieche kann Einsamkeit und Alleinsein aushalten. Jeder braucht immer Gesellschaft, *paréa*, um sich. In Kneipen oder Tavernen sieht man sehr häufig große Gesellschaften zusammensitzen; zwei Personen an einem Tisch sind eine Seltenheit. Vor allem in Kleinstädten ist es nicht ungewöhnlich, täglich auszugehen. Griechen feiern gerne und ausgiebig. In den warmen Monaten – ungefähr acht im Jahr – spielt sich das Leben überwiegend außerhalb des Hauses ab. Ob im Café oder in der Taverne oder im Kino, man sitzt draußen. Sehr beliebt sind die Sommerkinos im Freien. Ausländische Filme laufen in der Originalfassung mit griechischen Untertiteln.

Während der Sommermonate werden in den Amphitheatern antike oder moderne Theaterstücke aufgeführt. Auch für den, der die griechische Sprache nicht beherrscht, wird eine solche Aufführung zum Erlebnis, insbesondere wenn eine der klassischen Tragödien auf dem Programm steht. Ein sehr bekanntes Amphitheater ist in Athen das *Iróthio*. Ebenfalls sehr beliebt sind die Konzerte mit traditioneller griechischer Musik. Auch sie finden überwiegend im Sommer statt.

Eintrittskarten fürs Kino sind fast so teuer wie in Deutschland. Für Theater und Konzerte sind die Preise unterschiedlich. In Athen und Thessaloniki zahlt man wesentlich mehr als in anderen Orten.

Die Griechen sind aber nicht nur versessen auf Kultur. Ein typischer Ausflug am Sonntag ist immer mit Essen verbunden. Man fährt in ein bestimmtes Dorf, weil es dort besonders gutes Lammfleisch oder Wein gibt.

Machen wir einen Spaziergang – *páme vólta*

Ein Merkmal des geselligen Lebens ist der Bummel (vólta) in den Städten und Dörfern. Wer diesen Brauch einhält, putzt sich heraus und schlendert auf der Hauptstraße oder auf dem zentralen Platz (Platía) des Ortes auf und ab, um zu sehen und gesehen zu werden.

kápou *irgendwohin*

to ssinemá *im/ins Kino*

ti tenía pési? *was für einen Film gibt es?*

italikí tenía *italienischer Film*

tóte *dann*

i ssinawlía *Konzert*

to Rock-singrótima *Rockgruppe*

archísi *beginnt*

to isitírio *Eintrittskarte*

tha wjís? *wirst du ausgehen?*

thélo na páo *ich möchte gehen*

stin ékthessi sojrafikís *zur Kunstausstellung*

o sojráfos *Maler (Künstler)*

to iróthio *antikes Amphitheater in Athen*

i ellinikí moussikí *griechische Musik*

kalí dhiaskédhassi *viel Vergnügen*

Futur – Verben

tha wjó	ich werde ausgehen
tha wjís	du wirst ausgehen
tha wjí	er, sie, es wird ausgehen
tha wjoúme	wir werden ausgehen
tha wjíte	ihr werdet ausgehen/Sie werden ausgehen
tha wjoún	sie werden ausgehen
tha páo	ich werde gehen
tha pás	du wirst gehen
tha pái	er, sie, es wird gehen
tha páme	wir werden gehen
tha páte	ihr werdet gehen/Sie werden gehen
tha páne	sie werden gehen

Viel Vergnügen

Die Griechen unterhalten sich gern. Das Ausgehen ist eine der beliebtesten Tätigkeiten. Da kann man nur eins sagen: *kali dhiaskédhassi* – viel Vergnügen.

14 Reden

Ausgehen

Pou tha páme apópse?	Wohin gehen wir heute abend?
Dhen xéro, kápou.	*Ich weiß nicht, irgendwohin.*
Páme sto ssinemá?	Gehen wir ins Kino?
Ti tenía pési?	*Was für einen Film spielen sie?*
Pési mía italikí tenía.	Es gibt einen italienischen Film.
Óchi, dhen mou aréssi.	*Nein, das gefällt mir nicht.*
Tóte páme se mía ssinawlía?	Dann gehen wir in ein Konzert?
Se pía?	*In welches?*
Ssímera échi ssinawlía éna Rock-singrótima.	Heute ist ein Konzert mit einer Rockgruppe.
Polí oréa, ti óra archísi?	*Sehr schön, um wieviel Uhr beginnt es?*
Stis dhéka.	Um zehn Uhr.
Échoume isitíria?	*Haben wir Eintrittskarten?*
Óchi, alá tha ajorássoume ekí.	Nein, aber wir werden sie dort kaufen.
Entáxi, fíjame.	*In Ordnung, gehen wir.*

Tha wjís ssímera?	Wirst du heute ausgehen?
Ne, málon.	*Ja, wahrscheinlich.*
Pou tha pas?	Wohin wirst du gehen?
Thélo na páo stin ékthessi sojrafikís.	*Ich möchte zur Kunstausstellung gehen.*
Piós sojráfos échi ékthessi?	Welcher Maler hat Ausstellung?
Ine énas éllinas apó tin Amerikí.	*Er ist ein Grieche aus Amerika.*
Ne, páme.	Ja, gehen wir.

Jiássas! Pou páte?	Grüß euch, wohin geht ihr?
Páme se mía ssinawlía sto iróthio.	*Wir gehen in ein Konzert im Iróthis-Theater.*
Ti moussikí?	Was für Musik?
Ellinikí moussikí.	*Griechische Musik.*
Polí kalá. Íne móno ssímera i ssinawlía?	Sehr gut. Ist das Konzert nur heute?
Óchi, íne ke áwrio.	*Nein, es ist auch morgen.*
Tóte tha páo áwrio.	Dann werde ich morgen hingehen.
Efcharistó ke kalí dhiaskédhassi.	*Danke und viel Vergnügen.*
Jiássas.	Auf Wiedersehen.

Üben

14

1. Fragen Sie Ihren Gesprächspartner

1. Gehen wir heute abend ins Kino? **2.** Gehst du heute aus? **3.** Wohin gehst du? **4.** Welcher Maler (Künstler) hat Ausstellung? **5.** Wo findet das Konzert statt? **6.** Um wieviel Uhr beginnt das Theater? **7.** Hast du Eintrittskarten?

2. Was bringt die Zukunft? – *tha wjó* oder *páo*?

1. Ssímera .... sto ssinemá. (tha páo)
2. O Jiánnis .... áwrio sto théatro. (tha páo)
3. .... ssímera? (tha wjó)
4. .... apópse sto iróthio? (tha páo)
5. Awrio .... me ton Kósta. (tha wjó)
6. I María ke o Márkos .... apópse. (tha wjó)

3. Der richtige Konjunktiv: *na wjó* oder *na páo*?

1. Thélo .... ssinemá (na páo)
2. Thélete ....? (na wjó)
3. Póte thélis ....? (na wjó)
4. Ti óra thélis .... stin ssinawlía? (na páo)
5. Dhen théloun .... ssímera (n wjó)
6. Póte thélis .... stin Elládha? (na páo)
7. Thélete .... stin ékthessi sojrafikís? (na páo)
8. Piós théli .... áwrio? (na wjó)

4. Wohin werden wir heute abend gehen?

Pou tha páme apópse? **Stin ékthessi sojrafikís.**

1. zur Ausstellung **2.** ins Kino **3.** ins Amphitheater **4.** zum Konzert **5.** nach Hause **6.** zum Markt

5. Wie geht der Satz weiter?

1. Poú tha	**a** i tenía?
2. Thélo na wjó	**b** páme apópse?
3. Páme se	**c** me tin Antijóni.
4. Sto ssinemá	**d** sto íródhio.
5. Ti óra archísi	**e** échi mia italikí tenía.
6. Thélo na páo	**f** mía ssinawlía?

6. Wie sagt der Germane?

1. Óchi, dhen mou aréssi. **2.** Sto ssinemá pési mia ellinikí tenía. **3.** Ssímera échi ssinawlía éna Rock-singrótima **4.** Échoume isitíria? **5.** Póte archísi i tenía? **6.** Ssímera tha páme stin ékthessi sojrafikís.

(15) Lesen

Beim Besuch im Haus einer griechischen Familie bekommt man als Mann bestimmt einen *oúso* angeboten und als Frau *jlikó tou koutalioú* – «Löffelsüßes» (kandierte Früchte in Sirup) – eine echte Kalorienbombe. Es kann sein, daß Sie auch *spória*, Sonnenblumenkerne, von der Hausfrau bekommen, und als letztes gibt es bestimmt ein Glas Wasser. Früher wurde in jedem Haushalt *vanília* – eine weiße süße, zähe Paste – als U-Boot, *«ipowrícho»*, das heißt auf einem in ein Wasserglas getauchten Löffel gereicht. Das war die Süßigkeit der armen Leute, heute immer noch in Supermärkten erhältlich.

Man braucht sich nicht wundern, wenn die Mitglieder der Familie selber nicht zugreifen, denn erst und vor allem wird der Gast versorgt. Besonders bei Einladungen auf dem Land und auf Hochzeiten mögen Ihnen eigenartige Bräuche auffallen. Das Essen wird zum Beispiel auf Platten oder großen Tellern in der Mitte des Tisches serviert. Jeder hat einen leeren Teller vor sich, der von der Hausfrau nachgefüllt wird, sobald man die erste Portion aufgegessen hat. Ein leerer Teller bedeutet, daß man noch Hunger hat. Wenn Sie das Immer-wieder-Füllen des Tellers vermeiden wollen, dann lassen Sie einfach ein Häppchen übrig.

Wenn Sie die Sitten der einfachen Menschen näher kennenlernen möchten, müssen Sie Befremdliches in Kauf nehmen. Sie sind in einem Dorf bestimmt nicht nur Gast einer Familie, sondern des ganzen Dorfes. Die Einladungen sollten Sie nie abschlagen, und bedanken können Sie sich mit Worten und lobender Anerkennung, nicht aber mit Geld. Die Gastfreundschaft erlaubt es den Ärmeren, eine von Herzen kommende Großzügigkeit zu zeigen. Natürlich werden Sie in abgelegenen Dörfern angestarrt, und man wird Ihnen persönliche Fragen stellen. Als Frau hören Sie meist die Frage: *«íse pantrémeni?»*, bist du verheiratet? Wenn frau darauf mit einem «Nein» antwortet, dann finden die Leute das merkwürdig und bedauerlich.

jiortáso (Verb) *ich habe Namenstag*

tha érthis? *wirst du kommen?*

i jiortí mou *mein Namenstag (wörtlich: meine Feier)*

íse kalesménos *du bist eingeladen*

weweos *sicherlich*

polí fíli *viele Freunde*

thélo na kalésso *ich möchte einladen*

to tiléfono tou *seine Telefonnummer*

tha jiortássis? *wirst du feiern?*

to kéfi *Stimmung*

peráste *kommt herein, kommen Sie herein*

polí keró *sehr lange*

i jinéka mou *meine Frau*

kalós írthate *willkommen*

i prósklissi *die Einladung*

viel – polí

Das Eigenschaftswort polí ist unregelmäßig und wird so dekliniert:

Mehrzahl

	männlich	weiblich	sächlich
Nom.	polí	polés	polá
Akk.	poloús	polés	polá

Das Wort «polí» vor einem Eigenschaftswort ohne Artikel heißt «sehr»

Beispiel: polí oréo spíti – sehr schönes Haus

Als Eigenschaftswort

Tha érthoun polí fíli.	Es werden viele Freunde kommen.
Stin tavérna échoun polá trapésia.	In der Taverne haben sie viele Tische.
Polí ándres íne sto kafenío.	Viele Männer sind im Kafenio.

Filoxenía – Gastfreundschaft

Die Etymologie des Wortes *filoxenía: fílos* (Freund) und *xénos* (Fremder/Gast). Im Griechischen ist das Wort für «der Fremde» und der «Gast» dasselbe: *xénos.* Besonders auf dem Land ist die sprichwörtliche Gastfreundschaft der Griechen noch zu spüren.

15 Reden

Zu Besuch

Jiássou, Eléni.	Grüß dich, Eleni.
Jiássou, Dhimítri.	*Grüß dich, Dimitri.*
Ti kánis?	Wie geht's?
Kalá, áwrio jiortáso. Tha érthis stin jiortí mou? Íse kalesménos.	*Gut, morgen habe ich Namenstag. Wirst du zu meinem Namenstag kommen? Du bist eingeladen.*
Wewéos, tha éthoun polí filí?	Sicher, werden viele Freunde kommen?
Ne, tha érthoun polí filí. Thélo na kalésso ke ton Márko. Mípos échis to tiléfono tou?	*Ja, es werden viele Freunde kommen. Ich möchte auch Marko einladen. Hast du vielleicht seine Telefonnummer?*
Ne, íne 524 24, tóra dhen íne sto spíti. Pou tha jiortássis?	Ja, es ist 52424, jetzt ist er nicht zu Hause. Wo wirst du feiern?
Sto spíti mou. Tha échoume ke moussikí.	*Bei mir zu Hause. Wir werden auch Musik haben.*
Polí oréa. Tha échoume polí kéfi.	Sehr schön. Wir werden gute Stimmung haben.
Efcharistó, jiássou.	*Danke, tschüs.*
Jiássou.	Tschüs.

Peráste.	Kommt herein.
Efcharistó. Échete oréo spíti. Ménete polí keró edhó?	*Danke. Sie haben ein schönes Haus. Wohnen Sie sehr lange hier?*
Óchi, polí keró, to spíti íne oréo, alá mikró.	Nicht sehr lange, das Haus ist schön, aber sehr klein.
Ménoun polá átoma edhó?	*Wohnen viele Personen hier?*
Ménoume téssera átoma.	Wir wohnen hier zu viert.

Kalós írthate.	Willkommen.
Efcharistó, jiá tin prósklissi.	*Danke für die Einladung.*
Íste próti forá stin Elládha?	Sind Sie zum ersten Mal in Griechenland?
Ne, próti forá.	*Ja, zum ersten Mal.*
Tóte tha pioúme éna oúso, éna leptó. Oríste, stin ijiá mas!	Dann trinken wir einen Ouzo, eine Minute. Bitte schön, auf unsere Gesundheit.
Stin ijiá mas.	*Auf unsere Gesundheit.*

1. Wie sagt es der Hellene?

1. Morgen habe ich Namenstag. **2.** Es werden viele Freunde kommen. **3.** Ich möchte den Petros einladen. **4.** Sie haben ein schönes Haus. **5.** Wohnen Sie sehr lange hier? **6.** Wohnen viele Personen hier?

2. Was gehört zusammen?

1. Efcharistó jiá tin prósklissi.	**a** Jetzt ist Markos nicht zu Hause.
2. Tóra dhen íne o Markos sto spíti.	**b** Wir werden auch Musik haben.
3. Tha échoume ke moussikí.	**c** Das Haus ist schön, aber klein.
4. Íste próti forá stin Elládha?	**d** Danke für die Einladung.
5. To spíti íne oréo alá mikró.	**e** Sind Sie zum ersten Mal in Griechenland?

3. Setzen Sie *polí, polés* oder *polá* ein

Échis polá trapésa – Du hast viele Tische

1. edhó ménoun .... átoma **2.** o Pétros échi .... spítia **3.** .... jinékes íne stin ajorá **4.** áwrio tha érthoun .... fíli **5.** stin ékthessi íne .... sojráfi **6.** tha ajorásso .... dhóra

4. Sagen Sie, wann Sie kommen werden

Tha értho stis enéa i óra

1. um 9.00 Uhr **2.** um 12.30 Uhr **3.** um 3 Uhr **4.** um 11 Uhr **5.** um 10 Uhr **6.** um 5 Uhr **7.** um 18.00 Uhr **8.** um 19.35 Uhr **9.** um 20.40 Uhr **10.** um 21.50 Uhr

5. Welche ist die richtige Antwort?

1. Tha érthis sto spíti mou?	**a** Wewéos, tha értho. **b** Stis dhío i óra dhen tha értho.
2. Échis to tiléfono tis?	**a** Dhen échi tiléfono. **b** To tiléfono dhen íne edhó.
3. Ménete polá átoma edhó?	**a** To spíti íne mikró. **b** Ne, ménoume téssera átoma.
4. Échete polá dhomátia?	**a** Óchi, móno dhío. **b** Ta dhomátia íne oréa.
5. Jiortásis áwrio?	**a** Dhen jiortáso áwrio alá ssímera. **b** Áwrio tha páo ssinemá.

6. Fragen Sie

1. Kommst du morgen zu mir nach Hause? **2.** Werden morgen viele Freunde kommen? **3.** Wann wirst du zu Hause sein? **4.** Wo wohnst du?

Alle Wörter

Kleine Wörter

ungefähr
perípou

wieder
xaná

hallo
embrós

irgendwohin
kápou

aber
alá

bis
méchri

sicherlich
wewéos

dann
tóte

müde (fem./mask.)
kourasméni/ko urasménos

seine Telefon-nummer
to tiléfono tou

Freund
o fílos

Ausgehen

Kino
to ssinemá

Film
i tenía

Rockgruppe
to Rock-sin-grótima

Eintrittskarte
to ísitírio

Theater
to théatro

mein Namenstag
i jiortí mou

Maler (Künstler)
o sojráfos

antikes Amphitheater in Athen
to iróthio

griechische Musik
i ellinikí mous-sikí

viel Vergnügen
kalí dhiaskéd-hassi

Einladung
i prósklissi

Ausstellung
i ékthessi sojrafikís

Konzert
i ssinawlía

Zeit

morgen
áwrio

um wieviel Uhr?
ti óra?

die Woche
i ewdhomádha

sehr lange
polí keró

wann
póte

um sechs
stis éxi

Zeit
o chrónos

jetzt
tóra

in drei Stunden
se tris óres

morgen
áwrio

Zu Hause

zu Hause
to spíti

Einladung
i prósklissi

Stimmung
to kéfi

meine Frau
i jinéka mou

willkommen
kalós írthate

wer ist dran (am Telefon)?
piós íne?

Verben

ich werde anrufen
tha páro tiléfono

ich bin müde
íme kouras-mén-i (fem.) / -os (mask.)

ich werde zurückkommen
tha epistrépso

kommt her-ein/kommen Sie herein
peráste

beginnen
archíso

wohnen
méno

ich habe Zeit
écho chróno

ich möchte ein-laden
thélo na kalésso

ich werde aus-gehen
tha wjó

ich werde kom-men
tha értho

ich habe Namenstag
jiortáso

Konsonantenverbindungen

γγ	**-ng** *(kommt nur im Wortinneren vor, in einigen Wörtern getrennt als nj ausgesprochen*
γκ	**-g** *(am Wortanfang)*
γκ	**-ng** *(im Wortinneren)*
γχ	**-ngch** *(kommt nur im Wortinneren vor)*
μπ	**-b** *(am Wortanfang),* **-mp** *(im Wortinneren)*
ντ	**-d** *(am Wortanfang wie unser deutsches d),* **-nt** *(im Wortinneren)*
τσ	**-ts**
τζ	**-ts**

Wörter mit den neuen Buchstaben

ο συγγραφέας	**ssinjraféas**	*Schriftsteller*
το εγγόνι	**engóni**	*Enkelkind*
ο άγγελλος	**ángelos**	*Engel*
η άγκυρα	**ángira**	*Anker*
αγκαλιάζω	**angaliáso**	*umarmen*
γκρίζος	**grísos**	*grau*
το άγχος	**ángchos**	*Streß*
ο μπαμπάς	**babás**	*Vater*
μπαίνω	**béno**	*reinkommen, hineingehen*
ο Ντίνος	**Dinos**	*Dinos (Männername)*
εντάξει	**entáxi**	*in Ordnung*
τσάι	**tsái**	*Tee*
τζάμπα	**tsámpa**	*umsonst*

So kann eine griechische Adresse aussehen:

Αγγελλος Ντίνου	**Angelos Dínou**	*Vorname – Name*
Μπέλου 29	**Bélou 29**	*Straße*
10 678 Θεσσαλονίκη	**10678 Thessaloniki**	*PLZ Stadt*
Ελλάδα	**Elládha**	*Land*

Sätze mit den neuen Wörtern:

Ο μπαμπάς μου ίνε συγγραφ ασ	*mein Vater ist Schriftsteller*
Ανγαλι σο τον Δ νο	*Ich umarme den Dinos.*
Π νι τιν π μπτι τσ ι	*Er trinkt am Donnerstag Tee.*
το ενγ νι β νι στο σπ τι	*Das Enkelkind geht ins Haus rein.*

Hier fehlt's

Lesen Sie sich den Dialog durch, und tragen Sie die fehlenden Wörter ein. Wenn Sie nicht mehr weiterwissen, dann dürfen Sie auf die nächste Seite schielen:

Eléftheros chrónos

Jiássou Jiánni.
Jiássou Sophía.
Ti kánis? Íse .... stin Pátra?
Kalá íme, málon dhen .... stin Athína.
Ti tha kánis tóra?
Tóra tha páo sto polikatástima ke metá écho keró.
Poú thélis ....
Páme sto kafenío «Andónis»? Échi kaló kafé ekí.
Ti óra?
Stis tésseris i óra.
Entáxi.
Jiá.

Thélis na páme sto spíti mou?
Pou ménis?
Méno stin «Aristotélous» íne kontá sto ssinemá «Olympia».
Dhen íne polí kontá.
Óchi, alá tha páme me to leoforío.
Tha .... ke i Eléni sto spíti ssou?
Ne, tha érthi metá me mía fíli tis.
Oréa páme!

Eléni tha érthis sto ssinemá?
Dhen ...., tha páo sto théatro.
Ti óra archísi to théatro?
Stis ochtó i óra, to ssinemá?
Ke .... archísi stis ochtó.
Tóte tha páme tóra sto théatro ke áwrio sto ssinemá.
Entáxi páme .... sto théatro.
Páme.

Hier steht's

Hören Sie sich den Dialog von der Cassette an, oder lesen Sie ihn sich durch. Vergleichen Sie dann die Lösungen, die Sie gefunden haben, und sprechen Sie einfach nach:

Freizeit

Jiássou, Stéfane.
Jiássou, Ánna.
Ti kánis? Íse akóma stin Athína?
Kalá íme, málon dhen tha páo stin Thessaloníki.
Ti tha kánis tóra?
Tóra tha páo stin ajorá ke metá tha écho keró.
Pou thélis na páme?
Páme sto kafenío «Andónis»? échi kaló kafé ekí.
Ti óra?
Stis dhío i óra.
Entáxí.
Jiássou.

Thélis na páme ssinemá?
Se piá tenía?
Se mía ellinikí tenía.
Ne, na páme, alá pou íne i Eléni?
Tha érthi ke i Eléni masí mas?
Ne, páme próta sto spíti tis.
Pou méni, edhó kontá?
Ne, polí kontá.

Eléni, tha érthis sto ssinemá?
Dhen boró, tha páo sto théatro.
Ti óra archísi to théatro?
Stis ochtó i óra, to ssinemá?
Ke to ssinemá archísi stis ochtó.
Tóte tha páme tóra sto théatro ke áwrio sto ssinemá.
Entáxi páme óli masí sto théatro.
Fíjame.

Ⓩ

Prüfstand

1. Haben Sie aufgepaßt?

1. Wann sagt man «kalí chroniá»?

a bei der Taufe
b an Silvester
c bei der Verlobung

2. Wann sagt man «na sissete»?

a beim Geburtstag
b bei der Hochzeit
c beim Essen

3. Wann sagt man «kalí dhiaskédhassi»?

a beim Willkommen
b Weihnachten
c beim Ausgehen

4. «Polá oréa trapésia» heißt

a sehr schöne Tische
b viele schöne Tische
c sehr viele Tische

2. Setzen Sie die Verben ein:

tha epistrépso, tha páo, tha wjó, tha páro tiléfono, tha értho

1. Póte .... i Eléni stin Elládha?
2. Málon .... stis thio i óra sto spíti.
3. Awrio .... stin tavérna «Nikos».
4. .... ssímera?
5. .... tin María.
6. .... sto théatro?

3. Welches Wort paßt nicht in die Reihe?

1. to ssinemá – i tenía – i ssinawlía – tha értho
2. perípou – xaná – sto spíti – embrós – kápou
3. tha páro tiléfono – íme kourasméni – archíso – i prósklissi
4. to théatro – i ékthessi – sojrafikís – méchri

4. Wann fängt der Film im Kino an?

1. morgen um 20.00 Uhr
2. heute um 19.30 Uhr
3. heute abend um 21.15 Uhr
4. wahrscheinlich um 21.45 Uhr
5. am Mittwoch um 19.45 Uhr

Z

5. Welche Frage ist richtig?

1. Óchi, ménoume stin Athína.

a Ménete stin Kríti?
b Ménis stin Jiermanía?

2. Stis dhío i óra tha páro tin Eléni tiléfono.

a Póte tha páris tin Eléni tiléfono?
b Tha pári i Eléni tiléfono?

3. Tin tetárti.

a Póte tha epistrépsi o Kostas apó tin Italía?
b Échi chróno o Kostas?

4. Tha páme sto théatro

a Pou tha páme apópse?
b Tha epistrépsis stis ochtó?

5. Óchi, tin kiriakí.

a Jiortásis tin paraskewí?
b Tha íse apópse sto spíti ssou?

6. Verbinden Sie die Wörter

1. to ssinemá
2. to spíti
3. i ssínawlía
4. i jiortí mou
5. i ewdhomádha

a to Rock-Singrótima
b méno
c i ténia
d i tríti
e jiortáso

7. Wann hast du Zeit? – *Póte échis chróno?*

– écho chróno ssímera

1. Ich habe morgen Zeit.
2. Ich weiß nicht.
3. Ich habe am Mittwoch Zeit.
4. Ich habe heute abend Zeit.
5. Ich habe keine Zeit, ich bin müde.

Aussprache und Alphabet

Das griechische Alphabet

In der Zusammenfassung können Sie unter „Schrift“ das griechische Alphabet einüben. Dabei werden die Buchstaben nicht in der Reihenfolge des Alphabets vorgestellt, sondern aufgeteilt in fünf Gruppen. Zur ersten Gruppe (S. 27) gehören alle Vokale aus dem Alphabet. Zur zweiten Gruppe (S. 47) gehören alle stimmhaften Konsonanten aus dem Alphabet. Zur dritten Gruppe (S. 67) gehören alle stimmlosen Konsonanten. Zur vierten Gruppe (S. 87) gehören alle zusammengesetzten Vokale. Zur fünften Gruppe (S. 107) gehören alle zusammengesetzten Konsonanten. In jeder Zusammenfassung gibt es auch Übungen mit Begriffen aus den vorangehenden Lektionen, die das ganze Alphabet umfassen. Auch mit Hilfe des griechisch-deutschen Wörterbuchs im Anhang läßt sich die Schrift gut einüben.

Die Aussprache

Die Vokale werden offen und nicht lang ausgesprochen. Es gibt also kein geschlossenes und langes e, i, a oder o wie in Ohr, mehr, wie, nah... Es gibt zwei Gruppen von Konsonanten: die stimmhaften (S. 47) und die stimmlosen (S. 67). Die zusammengesetzten Konsonanten werden unterschiedlich ausgesprochen (S. 107).

Die Betonung

Im Neugriechischen gibt es nur einen Akzent, oxía ('). Der sitzt immer nur auf einem Vokal. Einsilbige Wörter haben nie einen Akzent. Ausnahme: Fragewörter und „i" im Sinn von *oder*.
Jedes Wort muß mit dem Akzent mitgelernt werden. Die Bedeutung mancher Wörter ändert sich je nach Akzent. Z. B. ála – andere, und alá – aber. Bei den zusammengesetzten Vokalen hat der zweite Vokal den Akzent.

Die Buchstaben

Griechisch	Lateinisch	Aussprache
Α, α	A, a alpha	wird kurz ausgesprochen
Β, β	W, w wita	wie in „Witwe"
Γ, γ	J, j jáma	zwischen j und r
Δ, δ	dh, dhélta	wie engl. that
Ε, ε	E, e épsilon	kurz ausgesprochen
Ζ, ζ	S, s síta	wie Sonne (stimmhaft)
Η, η	I, i íta	wie Inge
Θ, θ	th, thita	wie engl. think
Ι, ι	I, i jióta	wie bis
Κ, κ	K, k kápa	wie dt. k
Λ, λ	L, l lámdha	wie dt. l
Μ, μ	M, m mi	wie dt. m
Ν, ν	N, n ni	wie dt. n
Ξ, ξ	X, x xi	wie dt. x
Ο, ο	O, o ómikron	wie dt. o
Π, π	P, p pi	wie dt. p
Ρ, ρ	R, r ro	Zungen-R
Σ, σ (ς)	S, s sijma	stimmlos
Τ, τ	T, t taf	wie dt. t
Υ, υ	I, i ípsilon	langes i
Φ, φ	F, f fi	wie dt. f
Χ, χ	Ch, ch, chi	wie in kichern
Ψ, ψ	ps, psi	wie ps
Ω, ω	O, o oméja	wie das Omikron

Kurzgrammatik

Substantiv (Hauptwort)

Im Neugriechischen werden die Fälle durch ihre Endung kenntlich gemacht. Es gibt 3 Artikel: männlich, weiblich und sächlich (maskulin, feminin, neutrum). Alle Hauptwörter stehen mit Artikel. Wichtig für die Deklination eines Hauptwortes sind sein Geschlecht und seine Endung.

Die erste Deklination umfaßt alle männlichen Hauptwörter, die zweite alle weiblichen und die dritte alle sächlichen.

1. Deklination – Maskulina

Es gibt folgende Endungen (Sing. Nom.): -as, -is, -es, -os

		Singular		
Nom.	o ándr-as	o polít-is	o kaf-és	o dhróm-os
Gen.	tou ándr-a	tou polít-i	tou kaf-é	tou dhróm-ou
Akk.	ton ándr-a	ton polít-i	ton kaf-é	ton dhróm-o
		Plural		
Nom.	i ándr-es	i polít-es	i kaf-édhes	i dhróm-i
Gen.	ton andr-ón	ton polit-ón	ton kaf-édhon	ton dhróm-on
Akk.	tous ándr-es	tous polít-es	tous kaf-édhes	tous dhróm-ous

o ántras – Mann, o polítis – Bürger, o kafés – Kaffee, o dhrómos – Straße

2. Deklination – Feminina

Endungen (Sing. Nom.): -á, -i

Singular

Nom.	i ajor-á	i arch-í
Gen.	tis ajor-ás	tis arch-ís
Akk.	tin ajor-á	tin arch-í

Plural

Nom.	i ajor-és	i arch-és	
Gen.	ton ajor-ón	ton arch-ón	*i archí – der Beginn*
Akk.	tis ajor-és	tis arch-és	*i ajorá – der Markt*

3. Deklination – Neutra

Endungen (Sing. Nom.): -i, -ma, -o

Singular

Nom.	to dhé-ma	to spít-i	to kil-ó
Gen.	tou dhé-matos	tou spit-ioú	tou kil-oú
Akk.	to dhé-ma	to spít-i	to kil-ó

Plural

Nom.	ta dhé-mata	ta spít-ia	ta kil-á
Gen.	ton dhe-máton	ton spit-ión	ton kil-ón
Akk.	ta dhé-mata	ta spít-ia	ta kil-á

to dhéma – das Paket, to spíti – das Haus, to kiló – das Kilo

Der Vokativ wird selten gebraucht, meistens nur bei Personennamen. Es gibt unzählige Ausnahmen, die wir hier nicht erklärt haben. Auch die Orts- und Personennamen werden in der Regel dekliniert.

Fremdwörter

Alle Fremdwörter sind sächlich, werden nicht dekliniert und bilden auch keine Pluralform.

Z. B.: to ssinemá – ta ssinemá, to párti – ta párti, to taxí – ta taxí
to computer – ta computer, to film – ta film usw.

Kurzgrammatik

Der Akzent

Es gibt einen Akzent (´), i oxía, auf der betonten Silbe. Einsilbige Wörter haben keinen Akzent.

Verkleinerungsformen

Kaum ein Name oder Wort bleibt im Griechischen von Koseformen verschont. Die Verkleinerungsformen sind ein Zeichen für etwas besonders Liebenswertes, Nettes, Kleines.

Es gibt bestimmte Endungen, die der Grieche benutzt:

Maskulina auf	-ákis, -oúlis und -ákos
Feminina auf	-ítsa und -oúla
Maskulina, Feminina und Neutra auf	-áki

Beispiel: i Elenítsa oder to Elenáki, i kouklítsa oder to koukláki – die Puppe, to dhromáki – die Straße, to dhemátaki – das Päckchen, to trapesáki – das Tischlein usw.

Eigenschaftswort

Die Eigenschaftswörter werden genauso dekliniert wie die Hauptwörter. Sie müssen – wie im Deutschen – in Geschlecht, Zahl und Fall mit dem Hauptwort übereinstimmen, dem sie zugehören. Das gilt auch dann, wenn das Eigenschaftswort als Prädikat gebraucht wird. Es gibt viele Endungen bei den Eigenschaftswörtern.

Hier einige Beispiele (jeweils mask., fem., neutr.):

o áspr-os,	-i,	-o	der weiße	die weiße	das weiße
o mávr-os,	-i,	-o	der schwarze	die schwarze	das schwarze
o kal-ós,	-i,	-o	der gute	die gute	das gute
o oré-os,	-a,	-o	der schöne	die schöne	das schöne
o jlik-ós,	-iá,	-o	der süße	die süße	das süße
o archéos,	-a,	-o	der antike	die antike	das antike
o grísos,	-a,	-o	der graue	die graue	das graue
o akriwós,	-í,	-ó	der teure	die teure	das teure
o mikrós,	-í,	-ó	der	die	das kleine
o mejálos,	-i,	-o	der	die	das große
o álos,	-i,	-o	der	die	das andere
o nóstimos,	-i,	-o	der	die	das schmackhafte
o prótos,	-i,	-o	der	die	das erste

Steigerungen

Die Steigerung ist sehr einfach: Man setzt das Wort „pió" vor das Eigenschaftswort (positiv).

Für den Komparativ nimmt man das Wort „apo" – als.

Z. B.: O Jiórjos íne *pio* mejálos *apó* ton Díno.
Georg ist größer als Dinos.

Zur Bildung des Superlativs setzt man vor den Komparativ noch den bestimmten Artikel:

Z. B.: *o pio* mejálos – der größte, *o pio* mikrós – der kleinste
O moussakás íne *to pio* nóstimo fajitó stin Elládha.
Moussákas ist das schmackhafteste Essen in Griechenland.

Der Elativ (die Form des Eigenschaftsworts, die einen sehr großen Grad anzeigt) wird durch „pára polí" gebildet. Diese zwei Wörter werden vor das Eigenschaftswort gesetzt.

Z. B.: To ellinikó fajitó íne *pára polí* nóstimo.
Das griechische Essen ist am schmackhaftesten.

Vom Adjektiv zum Adverb (Umstandswort)

Die Adverbien sind leicht von den Adjektiven abzuleiten, indem man den Stamm von der Neutrum-Form nimmt und die Endung -a anhängt. Der Artikel entfällt dann.

Z. B.:

Adjektiv – Adverb
to mejálo – mejal-a
to nóstimo – nóstim-a
to próto – prót-a

Pronomen (Fürwort)

Personalpronomen (persönliches Fürwort)

egó péso – ich spiele
esí pésis – du spielst
avtós pési – er spielt
avtí pési – sie spielt
avtó pési – es spielt
emís pésoume – wir spielen
esís pésete – ihr spielt/Sie spielen
avti pésoun – sie spielen (mask.)
avtés pésoun – sie spielen (fem.)
avtá pésoun – sie spielen (sächl.)

Im Zusammenhang mit einem Verb wird das Personalpronomen meist nicht gesprochen, nur dann, wenn man etwas betonen möchte.

Possessivpronomen (besitzanzeigendes Fürwort)

Es gibt zwei Formen, die starke und die schwache, wobei die schwache üblicherweise gebraucht wird.

to wiwlio mou – mein Buch, meine
to wiwlio mas – unser Buch, unsere
to wiwlio sou – dein Buch, deine
to wiwlio sas – Ihr, euer Buch, eure
to wiwlio tou – sein Buch, seine
to wiwlio tous – ihr Buch, ihre
to wiwlio tis – ihr Buch, ihre
to wiwlio tou – sein Buch, seine

Gebrauch und Stellung der schwachen Form

Das Fürwort steht hinter dem Hauptwort und wird in der Aussprache mit ihm verbunden:

i kóri mou – meine Tochter, to tiléfono mou – mein Telefon,
to spíti sas – euer Haus, i jiortí sou – dein Namenstag

Die starke Form wird wie ein Eigenschaftswort dekliniert. Sie betont besonders den Besitz.

	mask.	fem.	neutr.
1. Pers.:	bei einem Besitzer		
	o dhikós mou	i dhikí mou	to dhikó mou
	bei vielen Besitzern		
	i dhikí mas	i dhikés mas	ta dhiká mas
2. Pers.:	bei einem Besitzer		
	o dhikós sou	i dhiki sou	to dhikó sou
	bei vielen Besitzern		
	i dhikí sas	i dhikés sas	ta dhiká sas
3. Pers.:	bei einem Besitzer		
	o dhikós tou	i dhikí tou	to dhikó tou
	bei vielen Besitzern		
	o dhikós tous	i dhikí tous	to dhikó tous

Die starke Form wird vor das Hauptwort gesetzt:

i dhikí mou kóri – meine Tochter
to dhikó sou spíti – dein Haus
i dhikí tou jiortí – sein Namenstag

Sie wird auch bei der Frage: wessen (pianoú) verwendet:

Pianoú íne to spíti? – Wem gehört das Haus?
Íne dhikó mas. – Es gehört uns.
Pianoú íne i karékla? – Wem gehört der Stuhl?
Íne dhikí mou. – Er gehört mir.

Demonstrativpronomen (hinweisendes Fürwort)

Das Demonstrativpronomen wird wie ein Eigenschaftswort dekliniert.

Einzahl

	mask.	fem.	neutr.
	dieser	diese	dieses
Nom.	avtós o	avtí i	avtó to
Gen.	avtoú tou	avtís tis	avtoú tou
Akk.	avton ton	avtín tin	abtó to

		Mehrzahl	
Nom.	avtí i	avtés i	avtá ta
Gen.	avtón ton	avtón ton	avtón ton
Akk.	avtoús tous	avtés tis	avtá ta

Gebrauch: avtós o ánthropos – dieser Mensch
avti i jinéka – diese Frau
avtó to spíti – dieses Haus

Fragewörter

wer, welcher, welche, welches? – piós, piá, pió (Nom.)
wessen? – pinaoú-pianís, pianoú (Gen.)
wen? – pión-piá-pió (Akk.)
wem? – se pión, se piá, se pió
mit wem? – me pión, me pía, me pió
über wen? – jiá pión, jiá, piá, jia, pió
über was? – jiá ti

Einige allgemeine Fragewörter:

ti (was), pou (wo), póte (wann), pos (wie), jiatí (warum), pósso (wieviel), pou (wohin), apó pou (woher)

Präpositionen

Auch die Präpositionen sind an bestimmte Fälle gebunden:

Akkusativ: apo (von, aus, als, seit), jiá (um zu, zu, für), me (mit), méchri (bis), metá (nach, nachher), chorís (ohne), oss (bis, örtlich und zeitlich), éxo apó (außerhalb), prin apó (vor, zeitlich).

Dativ: se+ton = ston, se+tin = stin, se+to = sto, se+tous = stous, se+tis = stis, se+ta = sta. Alle diese Präpositionen heißen auf deutsch: an, in, auf, zu, bei, von, aus, nach.

Genitiv: lójo (wegen)

Instrumental: metaxí (zwischen), páno apó (über), brostá (vorne), písso (hinten), káto (unten)

Rund ums Verb

Die neugriechische Sprache hat keinen Infinitiv mehr. Als Grundform gilt die 1. Person Singular Präsens. Die Personen werden nur durch die Endsilbe bezeichnet. Die Verneinung wird fast immer mit „dhen" gebildet, das vor das Verb gesetzt wird. Im Konjunktiv (Möglichkeitsform) und beim Imperativ (Befehlsform) wird statt „dhen" das Wörtchen „min" verwendet.

Es gibt verschiedene Konjugationen:

Verben auf -o:

z. B. ich wohne	mén-o	mén-oume
	mén-is	mén-ete
	mén-i	mén-oun

endbetonte Verben auf -o mit einer Endung:

z. B. ich nutze	ofel-ó	ofel-oúme
	ofel-ís	ofel-íte
	ofel-í	ofel-oún

endbetonte Verben auf -o mit zwei Endungen:

z. B. ich spreche	mil-ao/mil-ó	mil-áme
	mil-ás	mil-áte
	mil-ái/mil-á	mil-áne/mil-án

Unregelmäßige Verben

Zu dieser Gruppe gehören einige der gebräuchlichsten Verben, z. B.:

ich bin	íme	ich gehe	páo	ich sage	léo	ich werde	jínome
	íse		pás		lés		jínese
	íne		pái		léi		jínete
	ímaste		páme		léme		jinómaste
	íste		páte		léte		jinósaste
	íne		páne		léne		jínonte

Reflexive Verben

Die griechischen Passiv-Verben werden häufig wie reflexive Verben übersetzt:

sich bewegen – kinoúme, sich schämen – drépome, sich freuen – chérome, sich setzen – káthome, sich beeilen – wiásome.

Sie werden wie folgt konjugiert:

kin-oúme – ich bewege mich
kin-íse – du bewegst dich
kín-ite – er, sie, es bewegt sich
kin-oúmaste – wir bewegen uns
kin-íste – ihr bewegt euch, Sie bewegen sich
kin-oúnte – sie bewegen sich

Aorist

Neben den Zeiten Präsens (Gegenwart), Präteritum (Vergangenheit) und Futur (Zukunft) gibt es im Griechischen zur zeitlichen Differenzierung noch den Aorist. Er drückt eine einmalige – auch momentane – abgeschlossene Handlung in der Vergangenheit aus. Diese Handlung hat keine Dauer, und sie wiederholt sich nicht (immer in der Vergangenheit). Es gibt noch den Aorist Futur und den Aorist Konjunktiv.

Der Aorist wird wie folgt gebildet: Man nimmt den Stamm vom Verb (ohne den Konsonanten), dann je nach Verb die Endung -ssa, -xa, -psa oder -épsa. Wenn das Verb zweisilbig ist, bekommt es ein -e am Anfang.

Beispiel: péso – ich spiele Das Wort ist zweisilbig.
e-pe-xa – épexa – ich spielte (einmal in der Vergangenheit)
dhiawáso – ich lese Es ist nicht zweisilbig.
dhiáwa-ssa – ich las

Präteritum (Vergangenheit)

Diese Vergangenheitsform drückt eine wiederholte (auch eine Gewohnheit) und nicht begrenzte, andauernde Handlung (Zustand) in der Vergangenheit aus.

Bildung: péso – ich spiele, é-pes-a – ich spielte
archíso – ich beginne, árchis-a – ich begann

Konjugation: árchisa – ich begann
árchises – du begannst
árchise – er begann
árchísame – wir begannen
archísate – ihr begannt/Sie begannen
árchisan – sie begannen

Futur (Zukunft)

Es gibt zwei Future. Das eine wird mit dem Präsens, das andere mit dem Aorist gebildet.

Präsens Futur: tha péso – ich werde spielen
Aorist Futur: tha péxo – ich werde spielen

Bedeutung: Das Präsens Futur drückt eine Handlung aus, die in der Zukunft stattfinden wird und eine Dauer haben wird; sie wird oft stattfinden.

Beispielsätze: Tha érchome sto spíti ssou.
Ich werde zu dir kommen.
(= Ich werde öfter zu dir kommen.)

Tha érCHO áwrio sto spíti ssou.
Ich werde morgen zu dir kommen.
(= Ich werde einmal zu dir kommen und nicht täglich.)

Konjunktiv

Der griechische Konjunktiv entspricht dem deutschen Infinitiv. Es gibt zwei Konjunktive: der Präsens Konjunktiv und der Aorist Konjunktiv.

Präsens Konjunktiv: na + Präsens, na péso – spielen
Aorist Konjunktiv: na + Stamm vom Aorist + Endung -o, na péxo – spielen

Beide Zeiten des Konjunktivs drücken die Vergangenheit, die Gegenwart und Zukunft aus. Der Konjunktiv Präsens bezeichnet die Dauer oder Wiederholung einer Handlung oder eines Zustandes; die Handlung ist also nicht abgeschlossen.
Der Konjunktiv Aorist bezeichnet dagegen eine einmalige, abgeschlossene Handlung.

Allgemein drücken beide Konjunktive einen Wunsch, eine Bitte, einen Befehl oder eine Absicht aus.

Beispielsätze: Konjunktiv Aorist: Thélo na ajorásso mía karékla.
Ich möchte einen Stuhl kaufen.
Konjunktiv Präsens: To pedhí théli na pési káthe méra.
Das Kind möchte jeden Tag spielen.

Hilfsverben

Im Griechischen gibt es folgende Hilfsverben:
ich bin – íme, ich habe – écho, ich will/möchte – thélo, ich muß – prépi, ich kann – boró

Sie werden wie folgt konjugiert:

Präsens

íme	écho	thélo	tha íthela (ich möchte)	boró
íse	échis	thélis	tha ítheles	borís
íne	échi	théli	tha íthele	borí
ímaste	échoume	théloume	tha thélame	boroúme
íste	échete	thélete	tha thélate	boríte
íne	échoun	théloun	tha íthelan	boroún

Das Verb „prépi" wird nicht konjugiert, man nimmt immer die 3. Person Singular, z. B. Prépi na páme stin ajorá. – Wir müssen zum Markt gehen.

Die wichtigsten Verben im Aorist und in der Gegenwart

	Aorist	Präsens
abfahren	éfija	féfjo
amüsieren, sich	jléntissa	jlentó
anbieten	prósfera	prosféro
ändern	álaxa	aláso
anfangen	árchissa	archíso
ankommen	éftassa	ftáno
antworten	apántissa	apantó
anziehen, sich	díthika	dínome
arbeiten	dhoúlepsa	dhoulléwo
aufbrechen	xekínissa	xekinó
baden	ékana bánio	káno bánio
begreifen	katálawa	katalawéno

bekommen	píra	pérno
bestellen	parángila	parangélo
betreten	bíka	béno
bleiben, wohnen	émina	méno
brechen	ésspassa	spáso
bringen	éfera	férno
denken	nómisa	nomíso
dürsten	dhípsassa	dhipsó
enden	telíossa	telíono
entschuldigen	ssinchóressa	ssinchoró
erklären	exíjissa	exijó
erlauben	epétrepsa	epitrépo
essen	éfaja	tróo
fahren	píja	pijéno, páo
feiern	jiórtassa	jiortáso
geben	édhossa	dhíno
gefallen	áressa	aréso
glauben	pístepsa	pistévo
grüßen	cherétissa	cheretó
halten	krátissa	krató
hören	ákoussa	akoúo
Hunger haben	pínassa	pinó
interessieren, sich	endhiaférthika	endhiaférome
kommen	írdha	érchome
kosten	kóstisse	kostísi
lassen	áfissa	afíno
lernen	ématha	mathéno
lieben	ajápissa	ajapó
machen	ékana	káno
malen	sojráfissa	sojrafíso
reden	mílissa	miló
reinigen	kathárissa	katharíso
reisen	taxídhepsa	taxidhéwo
retten	éssossa	ssóso
sammeln	másepsa	maséwo
schauen	kítaxa	kitáso
schließen	éklissa	klíno
schreien	fónaxa	fonáso
schwimmen	kolímbissa	kolimpó
sehen	ítha	wlépo
senden	éstila	stélno
suchen	épsaxa	psáchno
vergessen	xéchassa	xechnó
verkaufen	poúlissa	pouló
wissen	íxera	xéro
zurückkehren	epéstrepsa	epistréfo

Schlüssel

Üben 1

1. 1. b **2.** a **3.** b **4.** b

2. 1. Ti kánete? **2.** Me léne Maria. **3.** Jiássou, sto kaló. **4.** Pos ssas léne? 5. Efcharistó, polí kalá. **6.** Jiá, ti kánis?

3. 1. d **2.** c **3.** b **4.** e **5.** a

4. 1. léne **2.** kaló **3.** kalá **4.** Polí **5.** léne

5. 1. Ti kánis? **2.** Jiássou **3.** Jiá **4.** Kalá **5.** Jiássas

Üben 2

1. 1. Ne, miló elliniká. **2.** Óchi, dhen miló jiermaniká. **3.** Ne, katalawéno elliniká. **4.** Óchi, dhen íme apó tin jiermanía.

2. 1. Jiermanía **2.** Elládha **3.** Me léne **4.** Elwetía **5.** Pou **6.** Jiássas oder chérete **7.** katalawénete? **8.** líja **9.** Íme apó tin Elládha.

3. 1. léne **2.** pou **3.** Miláte **4.** Katalawénete **5.** Íme

4. 1. b **2.** b **3.** a **4.** b

5. 1. Me léne María. **2.** Ne, íme apó tin Avstría. **3.** Óchi, dhen miló jiermaniká. **4.** Ne, katalawéno líja. **5.** Ne, katalawéno líja.

Üben 3

1. **1.** Ne, íme jiatrós. **2.** Íme dhaskála. **3.** Ne, íne endhiaféron. **4.** Óchi, íne dhaskála.

2. **1.** Beruf **2.** es ist interessant **3.** ich bin Ingenieur **4.** die Ehefrau **5.** mein Sohn **6.** meine Tochter

3. **1.** íne **2.** íne **3.** Íme **4.** Íste **5.** Íne

4. **1.** ssou **2.** ssísijos **3.** ne **4.** ssas

5. **1.** Pió íne to epángelma ssas? **2.** Íme michanikós. **3.** I ssísijos mou íne dhaskála. **4.** Íne endhiaféron.

Hier fehlt's: Me – pos – íste – íme – apó / epángelma – mou – ssas – o – íne – ssou / ti – fititís – katalawénis – íse – tin – apó – kaló

Prüfstand 1–3

1. **1.** Pos ssas léne? **2.** Piò íne to epángelma ssas? **3.** Apó pou íne? **4.** Ti kánete? **5.** Kataláwenete jiermaniká?

2. **1.** b **2.** a **3.** b **4.** b

3. **1.** Guten Tag. **2.** Was sind Sie von Beruf? **3.** Sind Sie aus Griechenland? **4.** Wie heißt du? **5.** Ist deine Frau Lehrerin? **6.** Verstehst du Griechisch? **7.** Woher kommst du? **8.** Ist dein Sohn Student? **9.** Heißt du Niko? **10.** Ich bin nicht aus England, ich bin aus Frankreich.

4. **1.** c **2.** a **3.** c **4.** a **5.** b

5. **1.** d **2.** a **3.** b **4.** c **5.** e

Üben 4

1. **1.** Pósso káni to dhomátio? **2.** Pósso káni to dhomátio me bánio? **3.** Pósso káni to dhomátio me balkóni? **4.** Pósso káni to bánio?

2. **1.** Ne, écho éna dhomátio. **2.** Óchi, jiá éna átomo. **3.** Ne, thélo to dhomátio me bánio. **4.** Káni eftá chiliádhes dhrachmés. **5.** Ne, écho dhiawatírio.

3. **1.** b **2.** b **3.** b **4.** b

4. **1.** éna **2.**Óchi **3.** dhomátio **4.** me **5.** to

5. **1.** éna **2.** me **3.** oríste **4.** thélete **5.** póssa

Üben 5

1. **1.** a **2.** a **3.** a **4.** b **5.** b

2. **1.** Páo stin Thessaloníki. **2.** Íne edhó kontá. **3.** Ne, íme, próti forá stin Elládha. **4.** Óchi, dhen páo sto stathmó. **5.** Óchi, íne makriá.

3. **1.** To aerodhrómio. **2.** Páo stin Athína. **3.** Dhen écho isitírio. **4.** Íme sto taxí. **5.** O stathmós íne makriá. **6.** Póte féfji to tréno? **7.** Íne edhó kontá. **8.** Íste próti forá stin Elládha?

4. **1.** d **2.** a **3.** b **4.** c **5.** e

Üben 6

1. **1.** b **2.** a **3.** b **4.** a **5.** a

2. **1.** sijnómi **2.** i ajorá **3.** to kéntro **4.** i touristikés pliroforíes **5.** to xenodhochío **6.** o dhrómos **7.** me ta pódhia

3. **1.** sto **2.** ston **3.** sto **4.** stin

4. **1.** sto **2.** taxí **3.** kéntro **4.** pou **5.** xéro

5. **1.** i **2.** to **3.** i **4.** to **5.** o

Hier fehlt's: tría – dhomátio – jiá – xérete – kontá – taxí – leptá / xérete – leoforíon – taxí – kontá / Athína – féfjete – aerodhrómio

Prüfstand 4–6

1. **1.** b **2.** c **3.** b **4.** b

2. **1.** Pos tha páo stin Jiermanía? **2.** Pou íne to xenodhochío „Akrópolis"? **3.** Pou íne to aerodhrómio? **4.** Pos tha páo sto aerodhrómio? **5.** Pou íne i touristikés pliroforíes?

3. éna-dhío-tría – téssera-pénte-éxi – tría-dhío-éna – éxi-pénte-téssera eptá-ochtó – enéa-dhéka – eptá-ochtó-enéa-dhéka

4. **1.** c **2.** c **3.** a **4.** b **5.** c **6.** a

5. **1.** Entschuldigung, wissen Sie vielleicht, wo der Markt ist? **2.** Das Stadtzentrum ist in der Nähe. **3.** Das Hotel ist weit. **4.** Ich möchte ein Zimmer mit Bad. **5.** Ich möchte ein Zimmer für zwei Personen. **6.** Ich bin zum ersten Mal in Griechenland. **7.** Was kostet die Fahrkarte? **8.** Der Zug fährt sofort ab. **9.** Gute Reise. **10.** Haben Sie einen Paß?

6. **1.** b **2.** c **3.** d **4.** e **5.** a

Üben 7

1. **1.** Tha páro tris mesédhes. **2.** Échete frésko psári? **3.** Ti échete jiá fajitó? **4.** Échete psomí? **5.** Tha íthela (thélo) fréska froúta. **6.** Efcharistó, dhen thélo epidhórpio.

2. **1.** b **2.** b **3.** a **4.** b

3. **1.** a **2.** b **3.** a **4.** b

4. **1.** páro **2.** pináo **3.** pinái **4.** pároun **5.** pinái

Üben 8

1. 1. ta krassiá **2.** tis bíres **3.** tous kafédhes **4.** ta nerá **5.** ta oúsa **6.** tous dhrómous

2. 1. b **2.** c **3.** d **4.** e **5.** a

3. 1. b **2.** a **3.** c **4.** e **5.** d

4. 1. b **2.** b **3.** a **4.** b **5.** b

5. 1. pou **2.** ston **3.** póte **4.** pósso **5.** piós

Üben 9

1. 1. íssoun **2.** ímoun **3.** ícha **4.** ícha **5.** ísastan

2. 1. Páro psári **2.** warelíssio krassí **3.** bíra **4.** énan waríjliko kafé **5.** oúso me neró **6.** kókino krassí **7.** mesé **8.** epidhórpio

3. 1. b **2.** a/c **3.** a/c **4.** e **5.** d

4. 1. íne **2.** théloun **3.** féfji **4.** xéro **5.** tha páo/páme **6.** thélo **7.** échete/échis **8.** léne **9.** katalawénete/katalawénis **10.** píno/pínis

Hier fehlt's: párete – nóstima – pénte – éna – psitó / ouserí – tha páo – fajitá – nóstima – páme / párete – krassí – psária – epidhórpio / nóstimo – oríste

Prüfstand 7–9

1. 1. c **2.** b **3.** b **4.** b **5.** a **6.** a **7.** a

2. 1. to fajitó **2.** o mesés **3.** i choriátiki **4.** to psári **5.** to psomí **6.** to epidhórpio **7.** ta froúta **8.** o lojariasmós **9.** chtés **10.** apópse

3. 1. kalí órexi **2.** Tha jlífis ta dháchtilá ssou. **3.** majériko **4.** psitopolío **5.** Pináo san ton líko. **6.** ouserí

4. **1.** to trapési / ta trapésia. **2.** ton lojariasmó / tous lojariasmoús. **3.** ton katálojo / tous katalójous. **4.** to fajitó / ta fajitá. **5.** to psári/ ta psária. **6.** to froúto / ta froúta. **7.** ton mesé / tous mesédhes. **8.** to psomí / ta psomiá. **9.** tin tavérna / tis tavérnes. **10.** tin bíra/ tis bíres. **11.** to krassí / ta krassiá. **12.** to neró / ta nerá. **13.** ton kafé/ tous kafédhes. **14.** to garssón / ta garssón. **15.** to epidhórpio / ta epidhórpia.

5. **1.** ítan **2.** ítan **3.** íchate/íches **4.** íchame / ícha **5.** íche **6.** ímastan

6. Ein Hauptwort paßt zu mehreren Verben **1.** a, e **2.** a, c, e **3.** b, d **4.** b, d, e, f, i, j **5.** f, i **6.** b, d, f, h **7.** f, i **8.** a, e **9.** d, g

7. **1.** b **2.** a, c, e **3.** d **4.** c, e **5.** f **6.** a

Üben 10

1. **1.** ssas **2.** sto **3.** pou **4.** ne **5.** sto

2. **1.** Pósso kánoun éna kiló míla? **2.** Pósso kánoun dhío kilá portokália? **3.** Pósso káni éna kiló psomí? **4.** Pósso kánoun tría kilá lachaniká? **5.** Pósso kánoun enéa kilá karpoúsia? **6.** Pósso kánoun pénte kilá pepónia? **7.** Pósso kánoun tría kilá krassí?

3. **1.** c **2.** a **3.** b **4.** f **5.** d **6.** e

4. **1.** Páo stin laikí. **2.** Ne, thélo dhío kilá portokália. **3.** Óchi, dhen boró. **4.** Sto manáwiko. **5.** Ne, échi froúta.

5. **1.** Dhen écho psomí. **2.** Dhen écho portokália. **3.** Dhen écho pepóni. **4.** Dhen écho lachaniká. **5.** Dhen écho psári. **6.** Dhen écho froúta. **7.** Dhen écho míla. **8.** Dhen écho krassí.

Üben 11

1. 1. Pou boró na ajorásso roúcha? **2.** Pou boró na ajorásso poulówer? **3.** Pou boró na ajorásso pantelóni? **4.** Pou boró na ajorásso wiwlía? **5.** Pou boró na ajorásso papoútsia? **6.** Pou boró na ajorásso lachaniká? **7.** Pou boró na ajorásso míla? **8.** Pou boró ajorásso froúta?

2. 1. d **2.** b **3.** e **4.** g **5.** a **6.** c **7.** f

3. 1. a **2.** b **3.** a **4.** b **5.** b

4. 1. -oume **2.** -ete **3.** -i **4.** -i **5.** -i, -i **6.** -oun, -ó

5. 1. Ich suche einen Pullover für mich. **2.** Ich möchte griechische Bücher kaufen. **3.** Wo kann ich italienische Bücher kaufen? **4.** Hier gibt es schöne Pullover. **5.** Kennen Sie ein Schuhgeschäft hier in der Nähe?

Üben 12

1. 1. Ssas aréssi to dhóro? **2.** Ssas aréssi to bríki? **3.** Ssas aréssi to moussío? **4.** Ssas aréssi to ájalma? **5.** Ssas aréssi to táwli? **6.** Ssas aréssi i Elládha?

2. 1. piós **2.** piá **3.** piós **4.** piós

3. 1. Pouló táwlia. **2.** Pouló bríkia. **3.** Pouló ajálmata. **4.** Pouló ssouwenír. **5.** Pouló pantelónia. **6.** Pouló wiwlía.

4. 1. a **2.** b **3.** a **4.** a **5.** b **6.** b

5. 1. pési **2.** pésoun **3.** poulá **4.** pési **5.** pouláne **6.** pouláte

6. 1. Káni chílies pentakóssies penínta dhrachmés. **2.** Káni chílies dhrachmés. **3.** Káni ochtakóssies dhrachmés. **4.** Káni tésseris chilíadhes dhrachmés. **5.** Káni trissímissi chilíadhes dhrachmés. **6.** Káni dhéka chilíadhes dhrachmés.

Hier fehlt's: thélete – poulówer – mou – ándres – i kóri – forá – tis, pantelóni – eftá chiliádhes dhrachmés / laikí – lachaniká – mamá ssou / ftinó, oréo – chílies dhrachmés

Prüfstand 10–12

1. **1.** c **2.** c **3.** a **4.** b **5.** c

2. **1.** Pósso kánoun éna kiló míla? **2.** Pou boró na ajorásso roúcha? **3.** Pou boró na ajorásso dhóra? **4.** Pou boró na ajorásso lachaniká? **5.** Pósso kánoun pénte kilá karpoúsia? **6.** Pou boró na ajorásso éna archéo ájalma?

3. **1.** tis aréssi **2.** mas aréssi **3.** tous aréssi **4.** tous aréssi **5.** mou aréssi **6.** ssou aréssi **7.** mas aréssi

4. **1.** roúcha **2.** ssakoúla **3.** manáwiko **4.** bríki **5.** táwli

5. **1.** a **2.** b **3.** a **4.** b **5.** b

6. **1.** íkossiéna **2.** ekatón éna **3.** ekatón penintapénte **4.** peníntadhío **5.** ojdhontaenéa **6.** ekató **7.** chília **8.** dhekaéxi **9.** ikossipénte **10.** tetrakóssia **11.** pentakóssia **12.** ekatón triánta

Üben 13

1. **1.** tha epistrépsi. **2.** tha epistrépsoun. **3.** tha epistrépso. **4.** tha epistrépsi. **5.** tha epistrépsoume/tha epistrépso.

2. **1.** Stis dhótheka ke missí. **2.** Stis eptá ke íkossi. **3.** Stis dhéka pará tétarto. **4.** Stis dhío ke dhéka. **5.** Stis tris ke tétarto. **6.** Stis ochtó pará pénte. **7.** Stis dhéka ke ikossipénte. **8.** Stis ochtó ke íkossi.

3. **1.** xaná **2.** perípou **3.** embrós **4.** alá **5.** méchri

4. **1.** tin dhevtéra **2.** tin tríti **3.** tin tetárti **4.** tin pémpti **5.** tin paraskewí **6.** to ssáwato **7.** tin kiriakí

5. **1.** c **2.** g **3.** a **4.** d **5.** f **6.** e **7.** b

Üben 14

1. **1.** Tha páme apópse sto ssinemá? **2.** Tha wjís ssímera? **3.** Pou tha pas? **4.** Piós sojráfos échi ékthessi? **5.** Pou échi ssinawlía? **6.** Ti óra archísi to théatro? **7.** Échis isitíria?

2. **1.** tha páo/tha páme **2.** tha pái **3.** Tha wjoúme/tha wjís/tha wjíte **4.** Tha pás/tha páte **5.** tha wjó **6.** tha wjoún

3. **1.** na páo/na páme. **2.** na wjoúme. **3.** na wjís. **4.** na páme. **5.** na wjoún. **6.** na pás. **7.** na páte. **8.** na wjí.

4. **1.** Tha páme stin ékthessi sojrafikís. **2.** Tha páme sto ssinemá. **3.** Tha páme sto iródhio. **4.** Tha páme stin ssinawlía. **5.** Tha páme sto spíti. **6.** Tha páme stin ajorá.

5. **1.** b **2.** c **3.** f **4.** e **5.** a **6.** d

6. **1.** Nein, es gefällt mir nicht. **2.** Im Kino gibt es einen griechischen Film. **3.** Heute findet ein Konzert mit einer Rockgruppe statt. **4.** Haben wir Eintrittskarten? **5.** Wann beginnt der Film? **6.** Heute werden wir in die Kunstausstellung gehen.

Üben 15

1. **1.** Áwrio jiortáso/áwrio écho tin jiortí mou. **2.** Tha érthoun polí fíli. **3.** Thélo na kalésso ton Pétro. **4.** Échete éna oréo spíti. **5.** Ménete polí keró edhó? **6.** Ménoun polá átoma edhó?

2. **1.** d **2.** a **3.** b **4.** e **5.** c

3. **1.** polá **2.** polá **3.** polés **4.** polí **5.** polí **6.** polá

4. **1.** Tha értho stis enéa i óra. **2.** Tha értho stis dhódheka ke missí. **3.** Tha értho stis trís i óra. **4.** Tha értho stis éndheka i óra. **5.** Tha értho stis dhéka i óra. **6.** Tha értho stis pénte i óra. **7.** Tha értho stis éxi i óra. **8.** Tha értho stis ochtó pará ikossipénte. **9.** Tha értho stis enéa pará íkossi. **10.** Tha értho stis dhéka pará dhéka.

5. **1.** a **2.** a **3.** b **4.** a **5.** a

6. **1.** Tha érthis áwrio sto spíti mou? **2.** Tha érthoun áwrio polí fíli? **3.** Póte tha íse sto spíti? **4.** Poú ménis?

Hier fehlt's: akóma – tha páo – na páme / érthi / boró – to ssinemá – óli masí

Prüfstand 13–15

1. **1.** b **2.** b **3.** c **4.** b

2. **1.** tha epistrépsi **2.** tha értho/tha érthoume **3.** tha páme **4.** tha wjis/tha wjoúme **5.** tha páro tiléfono **6.** tha pás/tha páte

3. **1.** tha értho **2.** sto spíti **3.** i prósklissi **4.** méchri

4. **1.** áwrio stis ochtó i óra **2.** ssímera stis eftá ke missí **3.** apópse stis enéa ke tétarto **4.** málon stis dhéka pará tétarto **5.** tin tetárti stis ochtó pará tétarto

5. **1.** a **2.** a **3.** a **4.** a **5.** a

6. **1.** c **2.** b **3.** a **4.** e **5.** d

7. **1.** Écho chróno áwrio. **2.** Dhen xéro. **3.** Écho tin tetárti chróno. **4.** Écho apópse chróno. **5.** Dhen écho chróno, íme kourasméni.

Wörterbuch

Griechisch – Deutsch

Dieses Wörterbuch führt solche Wörter auf, die hilfreich sind für den Aufenthalt in Griechenland. Substantive sind mit dem Artikel versehen, Adjektive führen keinen Artikel, aber die Endungen in der Reihenfolge Maskulinum, Femininum und Neutrum. Die griechischen Verben haben keinen Infinitiv, sondern werden in der 1. Person Singular angegeben.

ΑΛΦΑΒΗΤΑ	*Alphabet*
Α,α	*A, a*
Β,β	*W, w*
Γ, γ	*J, j*
Δ, δ	*dh (wie engl. that)*
Ε, ε	*E, e*
Ζ, ζ	*S, s*
Η,η	*I, i*
Θ, θ	*th (wie engl. think)*
Ι, ι	*I, i*
Κ, κ	*K, k*
Λ, λ	*L, l*
Μ,μ	*M, m*
Ν, ν	*N, n*
Ξ, ξ	*X, x*
Ο,ο	*O, o*
Π,π	*P, p*
Ρ,ρ	*R, r, ro*
Σ, σ	*SS, ß*
Τ, τ	*T, t*
Υ, υ	*I, i*
Φ, φ	*F, f*
Χ, χ	*Ch, ch*
Ψ, ψ	*PS, ps*
Ω, ω	*O,o*

Α · α

άγαλμα, το *Statue*
αγάπη, η *Liebe*
αγαπώ *lieben*
άγγελος, ο *Engel*
Αγγλία, η *England*
αγκαλιάζω *umarmen*
άγκυρα, η *Anker*
άγλυκος, –η, –ο *ungesüßt*
αγορά, η *Markt*
αγοράζω *kaufen*
αγόρι, το *Junge*
άγχος, το *Streß*
αεροδρόμιο, το *Flughafen*
αεροπλάνο, το *Flugzeug*
αεροσυνοδός, η *Stewardeß*
άιντε *los*
ακόμη *noch*
ακούω *hören*
ακριβός, –ή, –ό *teuer*
ακριβώς *genau*
Αλέξανδρος, ο *Alexander*
αλήθεια, η *Wahrheit*
αλλά *aber*
αλλάζω *wechseln, sich ändern*
άλλος, –η, –ο *andere*
αλφαβήτα, η *Alphabet*
Αμερική, η *Amerika*
αμέσως *sofort*
ανάβω *anzünden, anmachen*
ανακαίνιση, η *Renovierung*
ανάπτυξη, η *Entwicklung*
αναχωρώ *abfahren*
ανεβαίνω *hochlaufen*
άνετα *bequem*
άνθρωπος, ο *Mensch*
Άννα, η *Anna*
ανοίγω *öffnen*
ανοιχτός, –ή, –ό *geöffnet*
αντίο *tschüs*
άντρας, ο *Mann*
απάντηση, η *Antwort*
απαντώ *antworten*
απέναντι *gegenüber*
απλά *einfach*
από *von*
απόδειξη, η *Rechnung*
αποφασίζω *entscheiden*
απόψε *heute abend*
απώλεια, η *Verlust*
αργία, η *Feiertag*
αρέσω *gefallen*
αριθμός, ο *Zahl*
αριστερά *links*
αρχαίος, –α, –ο *antike*
αρχή, η *Beginn*
αρχίζω *beginnen*
ας *laß*
άσπρος, –η, –ο *weiß*
αστυνομία, η *Polizei*
άτομο, το *Person*
αύριο *morgen*
Αυστρία, η *Österreich*
αυτοκίνητο, το *Auto*

Β · β

βάζω *stellen*
βαρέλι, το *Faß*
βαρελίσιος, –α, –ο *vom Faß*
βαρετός, –ή, ó *langweilig*
βαρετά *langweilig (Adv.)*
βαρύγλυκος, –η, ο *schwer und süß*
βάφτιση, η *Taufe*
βγαίνω *hinausgehen*
βεβαίως *sicherlich*
βενζίνη, η *Benzin*
βιβλίο, το *Buch*
βιβλιοπωλείο, το *Buchhandlung*
βλέμμα, το *Blick*
βλέπω *sehen*
βοηθώ *helfen*
βόλτα, η *Spaziergang*
βορράς, ο *Norden*
βούτυρο, το *Butter*
βραβείο, το *Preis, Prämie*
βραδιάζει *es wird Abend*
βράδυ, το *Abend*
βράζω *kochen*
βραστός, –ή, –ό *gekocht*
βρέχει *es regnet*
βρίσκω *finden*
βροχή, η *Regen*
βρύση, η *Wasserhahn*

Γ · γ

γάλα, το *Milch*
Γαλλία, η *Frankreich*
γαλλικά *französisch*
Γάλλος, ο *Franzose*
γάμος, ο *Hochzeit*
γάτα, η *Katze*
γεγονός, το *Tatsache*
γείτονας, ο *Nachbar*
γειτόνισσα, η *Nachbarin*
γεια σου *grüß dich*
γελώ *lachen*
Γερμανία, η *Deutschland*
γερμανικά *Deutsch (Sprache)*
γενέθλια, τα *Geburtstag*
γερμανικός, –ή, –ό *deutsch*
Γερμανός, ο *Deutscher*
γεύμα, το *Mittagessen*
γεύση, η *Geschmack*
γέφυρα, η *Brücke*
γεωγραφία, η *Geographie*
γεωργός, ο *Bauer*
γη, η *Land*
γιά *für*
γιατί *weil*
γιορτάζω *feiern*
γιαγιά, η *Oma*
Γιάννης, ο *Jiannis*
γιαούρτι, το *Joghurt*
γιατρός, ο *Arzt*
γιορτή, η *Feier*
γιος, ο *Sohn*
γκαρσόν, το *Kellner*
γκρίζος, –α, –ο *grau*
γλείφω *lecken*
γλέντι, το *Fest*
γλεντώ *feiern*
γλύκισμα, το *Kuchen*
γλυκός, –ιά, –ό *süß*

γλυτώνω *retten*
γλώσσα, η *Sprache, Zunge*
γνώμη, η *Meinung*
γνωρίζω *kennen*
γνώση, η *Wissen*
γονείς, οι *Eltern*
γούστο, το *Geschmack*
γράμμα, το *Brief*
γραμμάριο, το *Gramm*
γραμματέας, η *Sekretärin*
γραμματοκιβώτιο, το *Briefkasten*
γραμματόσημο, το *Briefmarke*
γράφω *schreiben*
γυναίκα, η *Frau*
γυρίζω *zurückkehren*

Δ · δ

δαμάσκηνο, το *Pflaume*
Δανάη, η *Danai*
Δανία, η *Dänemark*
Δανός, ο *Däne*
δασκάλα, η *Lehrerin*
δάσκαλος, ο *Lehrer*
δάσος, το *Wald*
δάχτυλο, το *Finger*
δείγμα, το *Muster*
δείχνω *zeigen*
δέκα *zehn*
δεκατρία *dreizehn*
δεκατέσσερα *vierzehn*
δεκαπέντε *fünfzehn*
δεκαέξι *sechzehn*
δεκαεπτά *siebzehn*
δεκαοχτώ *achtzehn*
δεκαεννέα *neunzehn*
Δεκέμβριος, ο *Dezember*
δέλτα, το *dhelta, Buchstabe*
δέμα, το *Paket*
δεν *nicht*
δέντρο, το *Baum*
δεξιά *rechts*
δέρμα, το *Haut, Leder*
δέρνω *schlagen*
δεσποινίδα, η *Fräulein*
Δευτέρα, η *Montag*
δέχομαι *annehmen, akzeptieren*
δήλωση, η *Anmeldung*
Δημήτρης, ο *Thimitris*
δημοκρατία, η *Demokratie*
δήμος, ο *Stadt (als Verwaltung)*
δημόσιο, το *öffentlich*
δημοτική, η *Volkssprache*
διαβάζω *lesen, lernen*
διαβατήριο, το *Paß*
διάθεση, η *Laune*
δίαιτα, η *Diät*
διακόσια *zweihundert*
διάλεκτος, η *Dialekt*
διάρκεια, η *Dauer*
διασκεδάζω *sich unterhalten*
διασκέδαση, η *Unterhaltung*
δικηγόρος, ο *Rechtsanwalt*
δικός, –η, –ό μου *meiner*
διαφορά, η *Unterschied*
δίνω *geben*
δίπλα *neben*
διψώ *Durst haben*
δουλειά, η *Arbeit*
δουλεύω *arbeiten*
δοτική, η *Dativ*
δράμα, το *Drama*
δρόμος, ο *Straße*
δραχμή, η *Drachme*
δύο *zwei*
δύναμη, η *Kraft*
δυνατά *laut*
δύσκολα *schwierig*
δώδεκα *zwölf*
δωμάτιο, το *Zimmer*
δώρο, το *Geschenk*
δωρίζω *schenken*

Ε · ε

εβδομάδα, η *Woche*
εγώ *ich*
εγωιστής, ο *Egoist*
εδώ *hier*
είμαι *er, sie, es ist, sie sind*
εικόνα, η *Bild*
είχα *ich hatte*
εισιτήριο, το *Eintrittskarte*
είσοδος, η *Eintritt*
εκατό *hundert*
έκθεση, η *Aufsatz, Ausstellung*
εκεί *dort*
έλα *komm*
Ελβετία, η *Schweiz*
Ελβετός, ο *Schweizer*
Ελλάδα, η *Griechenland*
Έλληνας, ο *Grieche*
Ελληνίδα, η *Griechin*
ελληνικά *Griechisch (Sprache)*
ελληνικός, –ή, –ό *griechisch*
ελεύθερος, –η, –ο *frei*
ελεύθεροςχρόνος, ο *Freizeit*
ελευθερία, η *Freiheit*
εμάς *uns*
εμείς *wir*
εμποδίζω *verhindern*
ένας *einer*
ένα *ein*
εναντίον *gegen*
ενδιαφέρον, το *Interesse*
ενδιαφέρομαι *sich interessieren*
εννέα *neun*
εμπρός *hallo*
ενενήντα *neunzig*
ένταξη, η *in Ordnung*
ένδεκα *elf*
έξι *sechs*
εξηγώ *erklären*
έξοδοσ *Ausgang*
έξω *draußen*
επάγγελμα, το *Beruf*
επιδόρπιο, το *Nachspeise*
επιστήμη, η *Wissenschaft*
επιστήμονας, ο, η *Wissenschaftler*
επιστρέφω *zurückkehren*
επιστροφή, η *Rückkehr*
επτά *sieben*

επτακόσια *siebenhundert*
επιτρέπω *erlauben*
επόμενος, –η, –ο *nächster*
επώνυμο, το *Nachname*
έρχομαι *kommen*
ερώτηση, η *Frage*
εσείς *ihr*
εστιατόριο, το *Restaurant*
εσύ *du*
Εύα, η *Eva*
ευχαριστώ *danken*
ευχή, η *Wunsch*
εύχομαι *wünschen*
εφημερίδα, η *Zeitung*
Έφη, η *Efi*
έχω *haben*

Ζ · ζ

ζάχαρη, η *Zucker*
Ζαχαροπλαστείο, το *Konditorei*
ζέστη, η *Wärme*
ζεστός, –ή, –ό *warm*
ζευγάρι, το *Paar*
ζητώ *verlangen, suchen*
ζυμαρικά, τα *Teigwaren*
ζω *leben*
ζωγράφος, ο *Maler*
ζωγραφική, η *Malerei*
ζωή, η *Leben*
ζώο, το *Tier*

Η · η

ή *oder*
ήδη *schon*
ήθελα *wollten*
ήθος, το *Wesen*
ηλίθιος, –α, –ο *Idiot*
ήλιος, ο *Sonne*
(η)μέρα, η *Tag*
ήμουν *ich war*
ήρθα *ich kam*
ήρθατε, καλώς– *Willkommen*
Ηρώδειο, το *Irodion (Theater in Athen)*

Θ · θ

θα *werde (Futur)*
θάλασσα, η *Meer*
θέατρο, το *Theater*
θέληση, η *Willen*
θέλω *wollen*
θέμα, το *Thema*
Θεόδωρος, ο *Theodor*
θηλυκός, –ιά, –ό *feminin*
θόρυβος, ο *Lärm*
θρησκεία, η *Religion*
θυμός, ο *Wut*
θυμούμαι *sich erinnern*
θυμώνω *sich ärgern*

Ι · ι

ιδέα, η *Idee*
ιδιοκτησία, η *Besitz*
ίδιος, –α, –ο *selbe*
ιδίως *besonders*
ιδρώνω *schwitzen*
ικανός, –ή, –ό *begabt*
ίσος, –η, –ο *gleich*
ισχυρίζομαι *behaupten*
ιταλία, η *Italien*
ιταλικά *italienisch*
ιταλός, ο *Italiener*

Κ · κ

κάθε *jede*
κανένας *keiner*
και *und*
καιρός, ο *Wetter*
καλεσμένος, –η, –ο *eingeladener*
καλός, –ή, –ό *gut*
καλοκαίρι, το *Sommer*
καλώ *einladen*
καρέκλα, η *Stuhl*
κακάο, το *Kakao*
καλημέρα *guten Morgen*
καληνύχτα *gute Nacht*
καλησπέρα *guten Abend*
κάνω *machen*
καπνίζω *rauchen*
κάπου *irgendwo*
καρπούζι, το *Wassermelone*
κατανόηση, η *Verständnis*
καταλαβαίνω *verstehen*
κατεψυγμένος, –η, –ο *eingefroren*
κατάλογος, ο *Speisekarte, Katalog*
κάτω *unten*
κατσαρόλα, η *Kochtopf*
καφενείο, το *Café*
καφές, ο *Kaffee*
καφέσφίλτρου, ο *Kaffeefilter*
κάτοικος, ο *Einwohner*
κέντρο, το *Zentrum*
Κνωσός, η *Knossos*
κέφι, το *Laune*
κλειστός, –ή, –ό *geschlossen*
κήπος, ο *Garten*
κινούμαι *sich bewegen*
κόκκινος, –η, –ο *rot*
κόρη, η *Tochter*
κόσμος, ο *Leute*
κοστίζει *kosten*
κρασί, το *Wein*
κρατώ *halten*
κρέας, το *Fleisch*
Κρήτη, η *Kreta*
κρητικός, –ιά, –ό *kretisch*
κρίμα *schade*
κρύο, το *Kälte*
κιλό, το *Kilo*
κολυμπώ *schwimmen*
κορίτσι, το *Mädchen*
κομπιούτερ, το *Computer*
κοντά *nah*
κούκλα, η *Puppe*
κουκλάκι, το *Püppchen*
κουρασμένος, –η, –ο *müde*
ΚΤΕΛ *KTEL (Busunternehmen)*

κυδώνι, το *Quitte*
κυνήγι, το *jagen*
κυρία, η *Dame*
Κυριακή, η *Sonntag*
κύριος, ο *Herr*

Λ · λ

λαγός, ο *Hase*
λάδι, το *Öl*
λάθος, το *Fehler*
λαική, η *Bauernmarkt*
λαχανικά, τα *Gemüse*
λεμονάδα, η *Limo*
λάμψη, η *Glanz*
λαός, ο *Volk*
λαχτάρα, η *Sehnsucht*
λέξη, η *Wort*
λεξιλόγιο, το *Wortschatz*
λεπτό, το *Minute*
λέω *sagen*
λεωφορείο, το *Bus*
λίγος, –η, –ο *wenig*
λιμάνι, το *Hafen*
λίμνη, η *See*
λογαριασμός, ο *Rechnung*
λογαριάζω *rechnen*
λόγος, ο *Wort, Grund*
λόγω *wegen*
λύκος, ο *Wolf*

Μ · μ

μαγειρεύω *kochen*
μαγαζί, το *Geschäft, Laden*
μαγείρεμα, το *Kochen*
μαγιέρικο, το *Garküche*
μαζί *zusammen*
μαθαίνω *lernen*
μάθημα, το *Unterricht*
μακριά *weit*
μακρύς, –ιά, –ύ *lang, weit*
μαζεύω *sammeln*
μάλλον *wahrscheinlich*
μαμά, η *Mama*
μανάβικο, το *Gemüse-/Obstladen*
μέρος, το *Ort*
μαλώνω *auseinandersetzen, sich*
μεταξύ *zwischen*
μεταφράζω *übersetzen*
μάτι, το *Auge*
ματιά, η *Blick*
με *mit*
μεγάλος, –η, –ο *groß*
μέγεθος, το *Größe*
μεζές, ο *Vorspeise*
μένω *wohnen, bleiben*
μετά *nachher*
μέτριος, –α, –ο *mittelmäßig*
μέχρι *bis*
μήλο, το *Apfel*
μήνας, ο *Monat*
μητέρα, η *Mutter*
μήπως *vielleicht*
μηχανικός, ο *Ingenieur*
μία *eine*
μικρός, –ή, –ό *klein*
μιλάω *sprechen*
μοναστήρι, το *Kloster*
μόνο *nur*
μόνος, –η, –ο *allein*
μοντέρνος, –α, –ο *modern*
μουσείο, το *Museum*
μουσική, η *Musik*
μπαίνω *reinkommen*
μπαλκόνι, το *Balkon*
μπάνιο, το *Bad*
μπορώ *können*
μπρίκι, το *Metallkännchen*
μου *mein*
μυθιστόρημα, το *Roman*

Ν · ν

να *da*
ναι *ja*
νέος, –α, –ο *jung*
νεολαία, η *Jugend*
νεαρός, –ή, –ό *Junge*
νερό, το *Wasser*
νιάτα, τα *Jugend*
νομίζω *glauben*
νόμισμα, το *Währung*
νόμος, ο *Gesetz*
νομός, ο *Department*
νοσοκόμα, η *Krankenschwester*
νοσοκομείο, το *Krankenhaus*
νόστιμος, –η, –ο *schmackhaft*
νούμερο, το *Größe*
ντύνομαι *sich anziehen*
ντουζ, το *Dusche*
νύχτα, η *Nacht*
νωρίς *früh*

Ξ · ξ

ξανά *wieder*
ξεναγός, ο *Reiseleiter*
ξένος, –η, –ο *Fremder*
ξενοδοχείο, το *Hotel*
ξενοδόχος, ο *Hotelbesitzer*
ξερός, –ή, –ό *trocken*
ξέρω *wissen*
ξεχνώ *vergessen*
ξηρά, η *Festland*
ξοδεύω *ausgeben*
ξύπνημα, το *wecken*

Ο · ο

οικογένεια, η *Familie*
όλος, –η, –ο *ganz*
Ολυμπία, η *Olympia*
ομελέτα, η *Omelett*
όμως *aber, doch*
όμορφος, –η, –ο *hübsch*
όνομα, το *Name*
ονομάζομαι *ich heiße*
όνειρο, το *Traum*
οπωσδήποτε *auf jeden Fall*
όρεξη, η *Appetit*
ορειβασία, η *Wanderung*
όταν *wenn*
ΟΤΕ *Telephonamt*
ΟΣΕ *staatliche Eisenbahn*
ουδέτερο, το *Neutrum*

ούζο, το *Ouzo*
ουρανός, ο *Himmel*
όχι *nein*
όχθη, η *Küste*

Π · π

πάγος, ο *Eis*
παλτό, το *Mantel*
πανεπιστήμιο, το *Universität*
παιδί, το *Kind*
παίζω *spielen*
πάνω *oben*
πάντα *immer*
Πάσχα, το *Ostern*
παράθυρο, το *Fenster*
παρακαλώ *bitten*
παράδειγμα, το *Beispiel*
Παρασκευή, η *Freitag*
παίρνω *nehmen*
παντελόνι, το *Hose*
παπούτσια, τα *Schuhe*
παπουτσίδικο, το *Schuhgeschäft*
παράδειγμα *Beispiel*
πάρκο, το *Park*
πάρτυ, το *Party*
πάω *gehen, fahren*
πείνα, η *Hunger*
Πέμπτη, η *Donnerstag*
πεπόνι, το *Honigmelone*
περιμένω *warten*
περιοδικό, το *Zeitschrift*
περίπου *ungefähr*
περνώ *vorbeigehen*
πηγαίνω *gehen, fahren*
πιάτο, το *Teller*
πιάτσα ταξί, η *Taxistand*
πίνω *trinken*
πεινάω *Hunger haben*
πίσω *hinten*
πιστεύω *glauben*
πλατεία, η *Platz*
πλένω *waschen*
πληροφορία, η *Information*
ποιότητα, η *Qualität*
ποιός, –ά, –ό *wer*
πόδι, το *Fuß*
πόλη, η *Stadt*
πολίτης, ο *Bürger*
πολύ *sehr*
πολιτισμός, ο *Kultur*
προσπάθεια, η *Bemühung*
πολυκατάστημα, το *Kaufhaus*
πόρτα, η *Tür*
πορτοκάλι, το *Orange*
ποτέ *niemals*
πότε *wann*
ποτό, το *Getränk*
πρόσκληση, η *Einladung*
πραγματικότητα, η *Realität*
πρόβλημα, το *Problem*
πρώτος, –η, –ο *erster*
πρώτα *erst*
πρωτεύουσα, η *Hauptstadt*
πρέπει *müssen*
που *wo*
πουλερικά, τα *Geflügel*
πουλόβερ, το *Pullover*
πουλώ *verkaufen*

Ρ · ρ

ράδιο, το *Radio*
ρακί, η *Raki (kretischer Schnaps)*
ράτσα, η *Rasse*
ράφι, το *Regal*
ρέγγα, η *Hering*
ρέστα, τα *Rest*
ρήμα, το *Verb*
ρίχνω *werfen*
ρολόι, το *Uhr*
ρόλος, ο *Rolle*
ρούχα, τα *Kleidung*
ρωτώ *fragen*

Σ · σ

Σάββατο, το *Samstag*
σαν *wie*
σακκούλα, η *Tüte*
σας *euch*
σε *in*
σελίδα, η *Seite*
σινεμά, το *Kino*
σημαία, η *Fahne*
σημασία, η *Bedeutung*
σημείωμα, το *Bemerkung, Zettel*
σήμερα *heute*
σιγά *langsam*
σιωπή, η *Schweigen*
σκάλα, η *Treppe*
σκέτος, –η, –ο *rein, einfach*
σκόρδο, το *Knoblauch*
σπάζω *brechen*
σπάνια *selten*
σκέφτομαι *überlegen, denken*
σπίτι, το *Haus*
σοκάκι, το *Gasse*
σοκολάτα, η *Schokolade*
σουβενίρ, το *Souvenir*
σούπα, η *Suppe*
σταθμός, ο *Bahnhof*
στάση, η *Station*
στέλνω *schicken*
στον, στην, στο *in, nach, bei, zu (mask., fem., neutr.)*
στόμα, το *Mund*
συγγραφέας, ο *Schriftsteller*
συγνώμη, η *Entschuldigung*
συγχωρώ *verzeihen*
συγκρότημα, το *Musikgruppe, Anlage*
συζητώ *sich unterhalten*
σύζυγος, ο/η *Ehemann, Ehefrau*
συναντώ *treffen*
συναυλία, η *Konzert*
συνεργασία, η *Zusammenarbeit*
Σύνταγμα, το *Parlament*
σύντομα *bald*
συχνά *oft*
σχεδόν *fast*
σχολείο, το *Schule*
σώζω *retten*

Τ · τ

τα *die (neutr.)*
ταβέρνα, η *Taverne*
τάβλι, το *Spielbrett*
ταινία, η *Film*
ταξί, το *Taxi*
ταξιδεύω *reisen*
ταξίδι, το *Reise*
τηλέφωνο, το *Telephon*
τηλεφωνώ *anrufen*
την *die*
τελειώνω *beenden*
τέλος, το *Ende*
Τετάρτη, η *Mittwoch*
τέσσερα *vier*
τέχνη, η *Kunst*
τομάτα, η *Tomate*
τότε *dann*
τουαλέτα, η *Toilette*
τουρισμός, ο *Tourismus*
τουρίστας, ο *Tourist*
τουριστικός, –ή, –ό *touristisch*
τράπεζα, η *Bank*
τραπέζι, το *Tisch*
τρένο, το *Zug*
Τρίτη, η *Dienstag*
τρία *drei*
τριακόσια *dreihundert*
τρώω *essen*
τσάι, το *Tee*
τσάμπα *umsonst*
τσάντα, η *Tasche*
τσιγάρο, το *Zigarette*

Ψ · ψ

ψεύτης, ο *Lügner*
ψήνω *braten*
ψητός, –ή, –ό *gebraten*
ψηφίζω *wählen*
ψιλά, τα *Kleingeld*
ψυχή, η *Seele*
ψωμάδικο, το *Bäckerei*
ψωμί, το *Brot*

Ω · ω

ωδείο, το *Odeum*
ώρα, η *Stunde*
ωραίος, –α, –ο *schön*
ωφελώ *nützen*

Deutsch – Griechisch

Dieses Wörterbuch führt solche Wörter auf, die hilfreich sind für den Aufenthalt in Griechenland. Substantive sind mit dem Artikel versehen, Adjektive führen keinen Artikel, aber die Endungen in der Reihenfolge: Maskulinum, Femininum und Neutrum. Die griechischen Verben haben keinen Infinitiv, sondern werden in der 1. Person Singular angegeben.

A

Abend *to wrádhi*
aber *alá*
abfahren *féfjo*
acht *ochtó*
allein *mónos,-i, -o*
alles *óla*
Alphabet *alphawíta*
anbieten *prosféro*
anderer *álos,-i,-o*
ändern *aláso*
Anfang *i archí*
anfangen *archíso*
Angst *o fówos*
ankommen *ftáno*
anrufen *pérno tiléfono*
Antwort *i apántissi*
antworten *apantó*
anziehen, sich *dínome*
Apfel *to mílo*
Appetit *i órexi*
Arbeit *i dhouliá*
arbeiten *dhouléwo*
ärgern, sich *thimóno*
Arzt *o jiatrós*
Ärztin *i jiatrós*
auch *epíssis*
auf *páno*
aufwachen *xipnó*
Ausgang *i éxothos*
Ausland *to exoterikó*
Ausländer *o xénos,-i,-o*
Aussprache *i ékfrassi*
Ausstellung *i ékthessi*
Auto *to avtokínito*
Autor *o sinjraféas*

B

Bäckerei *to psomádhiko*
baden *káno bánio*
Badezimmer *to bánio*
Bahnhof *o stathmós*
bald *síntoma*
Balkon *to balkóni*
Bank *i trápesa*
bauen *chtíso*
Bauernmarkt *i laikí*
Bauernsalat *i choriátiki*
Baum *to dhéntro*
Bedeutung *i ssimasía*
beenden *telióno*
Beginn *i archí*
beginnen *archíso*
begreifen *katalawéno*
begrüßen *cheretó*
behaupten *ißchirísome*
bei *ston,stin, sto*
Beispiel *to parádhijma*
bekommen *pérno*
Bemerkung *i paratírissi*
Benzin *i wensíni*
bequem *áneta*
Bergsteigen *káno oriwas-sía*
Beruf *to epángelma*
Besitzer *idhioktítis*
besser *kalítera*
bestellen *paragélno*
betreten *béno*
Bett *to krewáti*
bewegen, sich *kinoúme*
bezahlen *pliróno*
Bezirk *i periochí*
Bier *i bíra*
Bild *i ikóna*
billig *ftinos,-i,-ó*
bis *méchri*
bitten *parakaló*
blau *blé*
bleiben *méno*
Blick *i théa, i matiá*
Blume *to louloúdhi*
Bluse *i bloúsa*
Bohnensuppe *i fassoládha*
Botschaft *i preswía*
braten *psíno*
brauchen *chriásome*
brechen *spáso*
Brief *to jrámma*
Briefkasten *to jrammato-kiwótio*
Briefmarke *to jrammatós-simo*
Briefumschlag *o fákelos*
Brille *ta jialiá*
bringen *férno*
Brot *to psomí*
Bruder *o adhelfós*
Buch *to wiwlío*
Buchladen *to wiwliopolío*
Buchstabe *to jrámma*
Bürger *o polítis*
Büro *to jrafío*
Bus *to leoforío*
Busbahnhof *KTEL (stath-mós leoforíon)*
Butter *to woútiro*

C

Café *i kafetéria, to café*
Chania *Chania (Stadt auf Kreta)*
Chaos *to cháos*
Charakter *o charaktíras*
Christ *o christianós*
Computer *to computer*

D

da *ekí*
Dame *i kiría*
Danai *i Danai (Frauenname)*
Däne *o Dhanós*
Dänemark *i Dhanía*
Danke *efcharistó*
dann *tóte*
das *to*
Dativ *dhotikí*
Dauer *i dhiárkia*
dein *dhikó sou*
deine *dhikí ssou*
Demokratie *i Dhimokratía*
derselbe *o ídhios,-a,-o*
Dessert *to epidhórpio*
Deutsch *jiermaniká*
Deutsche *o jiermanós, i jiermanídha*
Deutschland *i Jiermanía*
Dezember *o dhekémwrios*
Diät *i dhíeta*
Dienstag *i tríti*
dieser *avtós,-i,-o*
diskutieren *ssisitó*
Donnerstag *pémpti*
Dorf *to chorió*
dort *ekí*
Drama *to Dhráma*
draußen *éxo*
drei *tría*
dreihundert *triakóssia*
du *essí*
dürfen *prépi*
dursten *dhipsó*
Dusche *to doús*

E

Egoist *o ejoistís*
Ehefrau *i ssísijos*
Ehemann *o ssísijos*
ein *énas (mask.) éna (neutr.)*
eine *mía*
einfach *aplá*
einkaufen *psoníso, ajorá-so*
Eingang *i íssodhos*
eingefroren *katepsijmé-nos,-i,-o*
einladen *kaló*
Einladung *i prósklissi*
einsteigen *béno, anewé-no*
eintreten *béno*
Eintrittskarte *to isitírio*
Einwohner *o kátikos*
Eis *to pajotó, o pájos*
Ende *to télos*
Eltern *i jonís*
enden *telióno*
Engel *o ángelos*
England *i Anglía*
englisch *angliká*
Enkel *to engóni*
entscheiden *apofassíso*
entschuldigen *sinchoró*
Entschuldigung *i sijnómi*
Entwicklung *i anáptixi*
er *avtós*
Erde *i jí*
Erfolg *i epitichía*

erinnern, sich *thimáme*
erklären *exijó*
erlauben *epitrépo*
erster *prótos,-i,-o*
es *avtó*
essen *tróo*
Essen *to fajitó*

F

fähig *ikanós,-i,-o*
Fahne *i ssiméa*
fahren *páo*
Fahrkarte *to isitírio*
Familie *i ikojénia*
Farbe *to chróma*
Faß *to waréli*
Februar *o fewrouários*
feiern *jiortáso*
Feiertag *i arjía*
Fenster *to paráthiro*
Film *i tenía*
Filterkaffee *kafés fíltrou*
finden *wrísko*
Fisch *to psári*
Fleisch *to kréas*
Flughafen *to aerodhrómio*
Frage *i erótissi*
fragen *rotó*
Frankreich *i Jallía*
französisch *jalliká*
Frau *i jinéka*
Fräulein *i dhespinís*
frei *eléftheros,-i,-o*
Freitag *i paraskewí*
Freizeit *o eléftheros chrónos*
fremd *o xénos,-i,-o*
Freude *i chará*
freuen, sich *chérome*
Freund *o fílos*
Freundin *i fíli*
Freundschaft *i filía*
frisch *o fréskos,-ia,-o*
fröhlich *charoúmenos,-i,-o*
Früchte *ta froúta*
früh *norís*
fünf *pénte*
für *jiá*
Fuß *to pódhi*

G

ganz *ólos,-i,-o*
Garten *o kípos*
Gasse *to ssokáki*
Gast *o filoxenoúmenos,-i,-o*
Gastfreundschaft *i filoxenía*
geben *dhíno*
gebraten *psitos,-i,-o*
Geburtstag *ta jenéthlia*
gefallen, mir *mou aréssi*
Geflügel *to poulerikó*
gegen *perípou*
gegen *enantíon*
gegenüber *apénanti*
gegrillt *sta kárwouna*
gehen *páo, pijéno*
gekocht *wrastós,-i,-o*
Geld *ta leftá*
Gemüse *ta lachaniká*
Gemüseladen *to manáwiko*
geöffnet *anichtós,-i,-o*
Geographie *i jeojrafía*
Gericht *to fajitó*
Geschäft *to majasí, katástima*
Geschenk *to dhóro*
geschlossen *klistós,-i,-o*
Gesetz *o nómos*
gestern *chtés*
Gesundheit *i ijía*
Getränk *to potó*
Glas *to potíri*
glauben *pistéwo*
gleich *ídhios,-a,-o*
Glück *i tíchi*
Gold *o chrissós*
Gramm *to jrammário*
grau *grísos,-a,-o*
Grieche *o Éllinos*
Griechenland *i Elládha*
Griechin *i Ellinídha*
griechisch *elliniká*
groß *mejálos,-i,-o*
Größe *to méjethos, to noúmero*
Großmutter *i jiajiá*
Großvater *o papoús*
grüß dich *jiássou*
gut *kalós,-i,-o*

H

haben *écho*
Hafen *to limáni*
hallo *jiá, jiássou*
halten *krató*
Haltestelle *i stássi*
Hand *to chéri*
Hauptgericht *to fajitó*
Hauptstadt *i protéwoussa*
Haus *to spíti*
heiß *sestós,-i,-o*
heißen *me léne, onomásome*
helfen *woithó*
hereinkommen *béno*
Hering *i rénga*
Herr *o kírios*
heute *ssímera*
hier *edhó*
Himmel *o ouranós*
hinausgehen *wjéno*
Hochzeit *o jámos*
Höhe *to ípsos*
Honigmelone *to pepóni*
hören *akoúo*
Hose *to pantelóni*
Hotel *to xenodhochío*
Hotelbesitzer *o idhioktítis xenodhochíou*
hübsch *ómorfos,-i,-o*
hundert *ekató*
Hunger *i pína*
hungrig *o pinasménos,-i,-o*

I

ich *egó*
Idee *i idhéa*
ihr *essís*
Ikone *i ikóna*
immer *pántote*
in *ston, stin, sto*
Information *i pliroforía*
Ingenieur *o michanikós*
insbesondere *idhiétera*
interessant *endhiaféron*
interessieren, sich *endhiaférome*
irgendwohin *kápou*
Irodion *to iródhio*
Italien *i Italía*
Italiener *o Italós*

Italienerin *i Italítha*
italienisch *italiká*

J

ja *ne*
Jagd *to kiníji*
jagen *kinijó*
Jahr *o chrónos*
jetzt *tóra*
Jugend *i neoléa*
jung *neos,-a,-o*
Junge *to ajóri*
junger Mann *o nearós ándras*

K

Kaffee *o kafés*
Kaffeetopf *to bríki*
kalt *kríos,-a,-o*
Käse *to tirí*
kaufen *ajoráso*
Kaufhaus *to polikatástima*
Kellner *to garssón*
kennen *jnoríso*
Kind *to pedhí*
Kino *to ssinemá*
Kleidung *ta roúcha*
klein *mikrós,-i,-o*
Kleingeld *ta psilá*
Kloster *to monastíri*
Knoblauch *to skórdho*
kochen *majiréwo*
Kochen *to majírema*
kommen *érchome*
können *boró*
Konzert *i ssinawlía*
kosten *kostísi*
köstlich *nostimos,-i,-o*
Krankenhaus *to noso-komío*
Krankenschwester *i noso-kóma*
Kuchen *to jlíkisma*
Kultur *o politismós*
Kunst *i téchni*

L

lachen *jeló*
Land *i chóra*
Landkarte *o chártis*
lang *makrís,-ia,-i*
langsam *arjá*
langweilig *waretós,-i,-o*
lassen *afíno*
laufen *trécho*
laut *dhinatá*
leben *so*
Leben *i soí*
Lebensmittel *ta trófima*
lecker *o nostimos,-i,-o*
Lehrer *o dháskalos*
Lehrerin *i dhaskála*
lernen *dhiawáso, mathéno*
lesen *dhiawáso*
Leute *o kósmos*
Liebe *i ajápi*
lieben *ajapó*
links *aristerá*
los *áinte*
Lüge *to pséma*
Lügner *o pséftis*

M

machen *káno*
Mädchen *to korítsi*
Mal *i forá*
Maler *o sojráfos*
Malerei *i sojrafikí*
Mann *o ándras*
männlich *arsenikós,-í,-ó*
Mantel *to paltó*
Markt *i ajorá*
Material *to ilikó*
Medikament *to fármako*
Meer *i thálassa*
mehr *pió polí*
mein *dhikós mou, dhikó mou*
Meinung *i jnómi*
Mensch *o ánthropos*
mich *eména*
Milch *to jála*
Minute *to leptó*
mit *me*
möchten *thélo*
modern *modérnos,-a,-o*
Monat *o mínas*
Montag *i Dhevtéra*
morgen *áwrio*
müde *kourasménos,-i,-o*
Mund *to stóma*
Münze *to kérma*
Museum *to moussío*
Musik *i moussikí*
müssen *prépi*
Mutter *i mitéra*

N

nach *ston, stin, sto*
Nachbar *o jítonas*
Nachbarin *i jitónissa*
Nachname *to epónimo*
Nachspeise *to epidhórpio*
nächster *o epómenos,-i,-o*
Nacht *i níchta*
nah *kontá*
Name *to ónoma*
Namenstag *i onomastikí eortí*
Natur *i físsi*
natürlich *fisiká*
nehmen *pérno*
nein *óchi*
neun *enéa*
neunzig *eneninta*
nicht *dhen*
niemals *poté*
niemand *kanénas, kamía, kanéna*
noch *akómi*
Norden *o worás*
Nummer *to noúmero*
nur *móno*
nützlich *ofélimos,-i,-o*

O

Obst *to froúto*
Obstgeschäft *to manáwi-ko*
oder *í*
öffnen *aníjo*
oft *sichná*
ohne *chorís*
Oma *jiajiá*
Omelett *i omeléta*
Orange *to portokáli*
Ordnung(in) *entáxi*
Ort *to méros*

Ostern *to páßcha*
Österreich *i Avstría*
Ouzo *to oúso*

P

Paar *to sewjári*
Papier *to chartí*
Park *to párko*
Parlament *to ssíntajma*
Pfanne *to tijáni*
Plastiktüte *i ssakoúla*
Platz *i platía*
Polizei *i astinomía*
Post *to tachidhromío*
Preis *i timí*
Problem *to prówlima*
Pullover *to poulówer*
Puppe i koúkla

Q

Qualität *i piótita*
Qualle *i médhoussa*
quasi *sschedhón*
Quitte *to kidhóni*
Quittung *i apódhixi*

R

Radio *to rádhio*
rauchen *kapníso*
Realität *i prachmatikótita*
Rechnung *o lojariasmós*
rechts *dhexiá*
reden *miló*
regnen *wréchi*
rein *katharós,-i,-o, skétos,-i,-o*
Reise *to taxídhi*
Reisepaß *to dhiawatírio*
Restaurant *to estiatório*
retten *jlitóno*
Rockband *to singrótima*
Roman *to mithistórima*
rot *kókinos,-i,-o*

S

sächlich *oudhétero*
Saft *o chimós*
sagen *léo*
Salz *to aláti*
sammeln *maséwo*
Samstag *to ssáwato*
sauber *katharós,-i,-o*
schauen *wlépo*
schicken *stélno*
Schlaf *o ípnos*
schlafen *kimáme*
schlecht *kakós,-ia,-o*
schließen *klíno*
schmackhaft *nostimos, -i, -o*
schmecken *íne nóstimo*
schnell *jríjoros,-i,-o*
Schokolade *i ssokoláta*
schon *ídhi*
schön *oréos,-a,-o*
schreiben *jráfo*
schreien *fonáso*
Schuhe *ta papoútsia*
Schuhgeschäft *to papoutsídhiko*
schweigen *sopéno*
schwimmen *kolimbó*
sechs *éxi*
See *i límni*
Seele *i psichí*
sehen *wlépo*
sehr *polí*
sein *dhikos tou*
seit langem *edhó ke polí*
Seite *i sselídha*
Sekretärin *i jramatéas*
selten *spánia*
setzen, sich *káthome*
sicherlich *ssíjoura*
sie *avti, avtés, avtá (Pl.)*
Sie *essis*
sieben *eptá*
so *étsi*
sofort *améssos*
Sohn *o jiós*
Sommer *to kalokéri*
Sonne *o ílios*
Sonntag *i kiriakí*
Souvenir *to souwenir*
spazieren *káno vólta*
Speisekarte *o katálojos*
Spielbrett *to táwli*
spielen *péso*
Sprache *i jlóssa*
sprechen *miláo*
Staat *to krátos*
Stadt *i póli*
Stadtzentrum *to kéntro tis pólis*
Station *i stássi*
Statue *to ájalma*
Stimmung *to kéfi*
Straße *o dhrómos*
Student *o fititís*
Studentin *i fitítria*
Stuhl *i karékla*
Stunde *i óra*
suchen *psáchno*
Suppe *i ssoúpa*
süß *jlikós,-ia,-o*

T

Tag *i iméra*
Tasche *i tsánta*
Tasse *to flintsáni*
Taufe *i wáftissi*
Tausender *to chiliáriko*
Taverne *i tavérna*
Telefon *to tiléfono*
Teller *to piáto*
Theater *to théatro*
Thema *to théma*
Tisch *to trapési*
Tochter *i kóri*
Toilette *i toualéta*
Tomate *i tomáta*
Topf *i katsaróla*
Tourist *o tourístas*
Touristeninformation *touristikés plirofóries*
touristisch *touristikos,-i,-o*
tragen *kouwaló, foró*
Traum *to óniro*
treffen *sinantó*
Treppe *i skála*
trinken *píno*
tschüs *jiássou*
Tür *i pórta*
Tüte *i ssakoúla*

U

übersetzen *metafráso*
Ufer *i aktí*
Uhr *i óra, to rolói*
um wieviel Uhr *ti óra*
umarmen *angaliáso*
unbedingt *oposdhípote*
und *ke*
ungefähr *perípou*
ungesüßt *ájlikos,-ia,-o*
Universität *to panepistímio*
unten *káto*
unterschreiben *ipojráfo*
Unterschrift *i ipojrafí*
Urlaub *i dhiakopés, i ádhia*

V

Vater *o patéras*
verbringen *pernó*
vergessen *xechnó*
verhindern *empodhíso*
verkaufen *pouló*
verlieren *cháno*
Verlust *i apólia*
Verständnis *i katanóissi*
verstehen *katalawéno*
Versuch *i prospádhia*
viel *polí*
viele *polí (Pl.), polés, polá*
vier *téssera*
von *apó*
voll *jemátos,-i,-o*
Vorspeise *o mesés*

W

wählen *psifíso*
Wahrheit *i alíthia*
wahrscheinlich *málon*
wann *póte*
war *ímoun*
warm *sestós,-i,-o*
warten *periméno*
warum *jiatí*
was *ti*
Wasser *to neró*
Wassermelone *to karpoúsi*
Wechselgeld *ta psilá*
weiblich *thilikó*
Weihnachten *ta christoújena*
Wein *to krassí*
weiß *áspros,-i,-o*
weit *makriá*
welcher *piós,-a,-o*
Welt *o kósmos*
wenig *líjos,-i,-o*
wer *piós*
werden *jínome*
wie *pós*
wieder *xaná*
Wiedersehen, auf *jiássas, antío*
wieviel *póssos,-i,-o (Sing.)*
Winter *i chimónas*
wir *emís*
wissen *xéro*
Wissenschaft *i epistími*
Wissenschaftler *o epistímonas*
wo *poú*
Woche *i ewdhomádha*
woher *apó poú*
wohin *poú*
wohnen *méno*
wollen *thélo*
Wort *o lójos, i léxi*
Wortschatz *to lexilójio*
Wunsch *i epithimía*
wünschen *epithimó*

Z

Zahl *o arithmós*
zehn *dhéka*
zeigen *dhíchno*
Zeit *i óra, o chrónos*
Zeitschrift *to periodhikó*
Zeitung *i efimerídha*
Zigarette *to tsijáro*
Zimmer *to dhomátio*
Zucker *i sáchari*
zuerst *próta*
Zug *to tréno*
zu Hause *sto spíti*
zum ersten Mal *próti forá*
zurückkommen *epistréfo*
zusammen *masí*
Zusammenarbeit *i ssinerjassía*
zwei *dhío*
zweihundert *dhiakóssia*

Bildnachweis

Rolf Schulten 4, 12, 32, 52, 72, 92

SOS

Das Allerwichtigste für alle Fälle

bitte	*parakaló*
danke	*efcharistó*
vielen Dank	*efcharistó polí*
entschuldigen Sie!	*sijnómi*
ja	*ne*
nein	*óchi*
guten Tag	*jiássas, chérete*
auf Wiedersehen	*jiássas*
ich verstehe nicht	*dhen katalawéno*
langsam, bitte	*ssijá parakaló*
ich spreche kein Griechisch	*dhen miló elliniká*
sprechen Sie Deutsch?	*miláte jiermaniká?*
sprechen Sie Englisch?	*miláte angliká?*
Polizei	*astinomía*
Unfall	*atíchima*
Feuer	*fotiá*

Diebstahl	*klopí*
was ist passiert?	*ti ssinéwi?*
Hilfe!	*woíthia*
Arzt	*jiatrós*
krank	*árostos*
mir tut weh	*mou ponái*
Kopf	*kefáli*
Arm/Hand	*chéri*
Bein/Fuß	*pódhi*
ich habe Fieber	*écho piretó*
Apotheke	*farmakío*
Krankenhaus	*nossokomío*
Krankenwagen	*assthenofóro*
vorsichtig	*prossochí*
schnell	*jríjora*
was?	*ti?*
wann?	*póte?*
wo?	*pou?*
wieviel?	*pósso?*
wohin?	*pou?*
Flughafen	*aerodhrómio*
Bahnhof	*stathmós*
Hotel	*xenodhochío*
Bank	*trápesa*
Geldwechsel	*ssinálajma*
Taxi	*taxí*
Bus	*leoforío*
U-Bahn	*metró*
nach links	*aristerá*
nach rechts	*dhexiá*
geradeaus	*efthía*
ist das weit?	*íne makriá?*
haben Sie?	*échete?*
was kostet?	*pósso kostísi?*
wo ist die Toilette?	*pou íne i tualéta?*
ich habe Hunger	*pináo*
ich habe Durst	*dhipsáo*
ich habe kein Geld	*dhen écho leftá*
ich habe ... verloren	*écho cháss*

Englisch

Gunther Bischoff
Speak you English? *Programmierte Übung zum Verlernen typisch deutscher Englischfehler*
(rororo 16857)

Hartmut Breitkreuz
False Friends *Stolpersteine des deutsch-englischen Wortschatzes*
(rororo 18492)
More False Friends
Tückische Fallen des deutsch-englischen Wortschatzes
(rororo 19172)

Hartmut Breitkreuz / René Bosewitz
Do up your Phrasals *500 Wendungen wichtiger Verben*
(rororo 18344)
Getting on Top of Idiomatic Verbs *Tausend Wendungen im Kontext*
(rororo 18523)

Ian Galbraith / Paul Krieger
Englisch in letzter Minute
(Buch: rororo 19630, Buch mit Cassette: rororo 19631, Cassette: rororo 19704)

Hans-Georg Heuber
Talk one's head off. Ein Loch in den Bauch reden *Englische Redewendungen und ihre deutschen «opposite numbers»*
(rororo 17653)

Uwe Kreisel / Pamela Ann Tabbert
English One *Englisch reden und verstehen. Ein Grundkurs*
(Buch: rororo 19180, Cassette: rororo 19181)

rororo sprachen

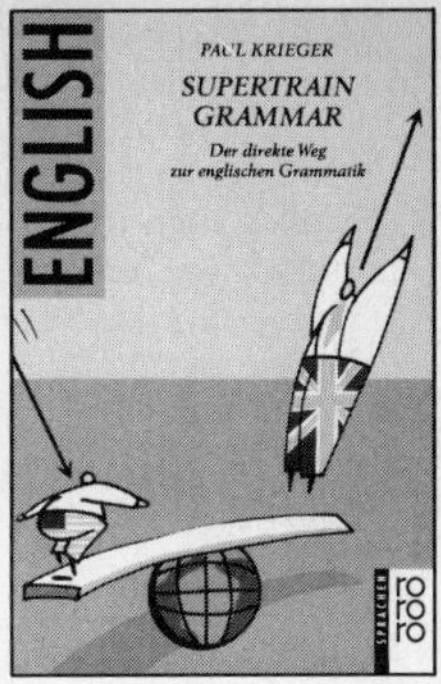

English Two *Englisch reden und verstehen. Ein Aufbaukurs*
(Buch: rororo 19320, Cassette: 19321)
Ultimate Idioms *Der Schlüssel zu den britischen und amerikanischen Redewendungen*
(rororo 18492)

Paul Krieger
Supertrain Grammar *Der direkte Weg zu englischer Grammatik*
(rororo 60107)

Ernest Pasakarnis
Master your Idioms *Der Schlüssel zu den englischen Redewendungen*
(rororo 18491)

Emer O'Sullivan / Dietmar Rösler
Modern Talking *Englisches Quasselbuch mit Sprüchen und Widersprüchen*
(rororo sprachen 18427)

Business English

Geschäftsbesuche, Briefe, Verträge, Telefonenglisch, Mitarbeitergespräche, Verhandlungen mit Lieferanten, aber auch Konferenzen und Auftritte auf Kongressen verlangen ein klares sprachliches Konzept: Die Bücher von **René Bosewitz** und **Robert Kleinschroth** helfen in allen beruflichen Standardsituationen.

Manage in English *Business English rund um die Firma*
(rororo sprachen 60137)
Lockere Texte, ironische Dialoge, geistreiche Zitate von Konfuzius bis Murphy und Witze über Pleiten, Pech und Pannen im Geschäftsleben vermitteln Know-how, Wortschatz, Idioms und Redemittel zugleich.

How to Phone Effectively *Business English am Telefon*
(rororo sprachen 60139 / Buch mit Audio-CD rororo sprachen 60146 / Toncassette rororo sprachen 60147)
Das Buch vermittelt mit Witz und Pfiff das notwendige Telefonenglisch in typischen Situationen. Wie beginnt man ein Gespräch, wie bricht man es ab, wie bremst man einen Schnellredner, wie verschafft man sich Gewißheit. Die Toncassette zum Buch oder die Audio-CD im Buch verrät, wie sich das alles anhört, und schult im Sprechen.

Better than the Boss *Business English fürs Büro*
(rororo sprachen 60138)

rororo sachbuch

Test Your Management Skills *Business English für Durchstarter*
(rororo sprachen 60260 / erscheint im Dezember 1996)
Aktive und zukünftige Manager lernen die Fährnisse des Berufslebens besser zu umsteuern und sich im internationalen Business sprachlich zu behaupten.

Drop Them a Line *Business English im Schriftverkehr*
(rororo sprachen 60261 / erscheint im Februar 1997)

Get Through at Meetings *Business English für Konferenzen und Präsentationen*
(rororo sprachen 60262 / erscheint im April 1997)
Das Buch macht vertraut mit den Redemitteln, mit denen sich Meetings elegant leiten lassen, es vermittelt die Sprache, mit der Sie sich selbst, Ihre Ideen und Produkte präsentieren können.

Italienisch und Spanisch

Italienisch und spanisch lernen: alltagsnah und von Anfang an. Für das Lernen allein oder in der Gruppe.

Senzaparole
Partire per l'Italia *Italienischkurs für Anfänger*
(Buch rororo 18795, Cassette: 18796)
Finalmente in Italia *Italienischkurs für wenig und weiter Fortgeschrittene*
(Buch: rororo 18471, Cassette: rororo 18472)
Die Sprachbücher von *Senzaparole* stützen sich auf die lebendigen Erfahrungen aus dem Sprachunterricht. Anhand von Dialogen, Gesprächen und Erzählungen lernen Sie den italienischen Alltag kennen.

Jutta J. Eckes / Franco A. M. Belgiorno
Italiano Uno *Italienisch reden und verstehen. Ein Grundkurs*
(Buch: rororo 19144, Cassette: rororo 19145)

Jutta J. Eckes / Daniela Concialdi
Italiano Due *Italienisch reden und verstehen. Ein Aufbaukurs*
(Buch: rororo 19517, Cassette: 19518)

Hardy Brackmann / Liborio Pepi
Senza Parole *Die Körpersprache der Italiener*
(rororo 18868)

Mario Parisi / Liborio Pepi
Palavare Italiano? *Typisch deutsches Italienisch und wie man es verbessert*
(rororo 19178)

3452/4

rororo sprachen

Christof Kehr / Ana Rodríguez Lebrón
Español Uno *Spanisch reden und verstehen. Ein Grundkurs*
(Buch: rororo 18793, Cassette: rororo 18794)
Español Dos *Spanisch reden und verstehen. Ein Aufbaukurs*
(Buch rororo 18845, Cassette: rororo 18846)
Dichos y Frases *Der Schlüssel zu den spanischen Redewendungen*
(rororo 19373)

Christoph Kehr / Uwe Kreisel
Español Uno / Español Dos *Ein elektronisches Lernprogramm. Die Diskette zum Sprachkurs Spanisch*
(rororo 19335)

rororo sprachen wird herausgegeben von Ludwig Moos. Ein Gesamtverzeichnis der Reihe finden Sie in der Rowohlt Revue. Vierteljährlich neu. Kostenlos in Ihrer Buchhandlung.

3444/2

Mittelmeer

Rolf Schwarz
Ägypten *Ein Reisebuch in den Alltag*
(rororo sachbuch 9068)

Christof Kehr
Andalusien *Ein Reisebuch in den Alltag*
(rororo sachbuch 9089)

Rainer Karbe / Ute Latermann-Pröpper
Griechische Inseln/Nördliche Ägäis *Ein Reisebuch in den Alltag*
(rororo sachbuch 9067)

Ute Frings / Rolly Rosen
Israel/Palästina *Ein Reisebuch in den Alltag*
(rororo sachbuch 7596)

Conrad Lay / Michaela Wunderle
Italien *Ein Reisebuch in den Alltag*
(rororo sachbuch 9084)

Roland Motz
Mallorca *Ein Reisebuch in den Alltag*
(rororo sachbuch 9086)

Henning Klüver (Hg.)
Norditalien *Ein Reisebuch in den Alltag*
(rororo sachbuch 9063)

Frida Bordon
Sizilien *Ein Reisebuch in den Alltag*
(rororo sachbuch 7595)

Helmuth Bischoff
Spanien *Ein Reisebuch in den Alltag*
(rororo sachbuch 7567)

rororo anders reisen

Günter Liehr
Südfrankreich *Ein Reisebuch in den Alltag*
(rororo sachbuch 9093)

Michaela Wunderle
Süditalien *Ein Reisebuch in den Alltag*
(rororo sachbuch 7592)

Michael Kadereit
Toskana / Umbrien *Ein Reisebuch in den Alltag*
(rororo sachbuch 7521)

Frida Bordon
Venedig mit Venetien *Ein Reisebuch in den Alltag*
(rororo sachbuch 7570)

Europa: Städte

Reinhold F. Bertlein
Amsterdam *Ein Reisebuch in den Alltag*
(rororo sachbuch 9092)

Till Bartels/Ulrike Wiebrecht
Barcelona/Katalonien *Ein Reisebuch in den Alltag*
(rororo sachbuch 9070)

zitty (Hg.)
Berlin *Ein Reisebuch in den Alltag*
(rororo sachbuch 909)

Jürgen Schaufer
London *Ein Reisebuch in den Alltag*
(rororo sachbuch 9075)

Hartwig Bögeholz
Moskau/St. Petersburg *Ein Reisebuch in den Alltag*
(rororo sachbuch 9073)

Günter Liehr
Paris *Ein Reisebuch in den Alltag*
(rororo sachbuch 9099)

Peter Kammerer / Henning Klüver
Rom *Ein Reisebuch in den Alltag*
(rororo sachbuch 9094)

rororo anders reisen

Hanne Bahra
Mecklenburg-Vorpommern
Ein Reisebuch in den Alltag
(rororo sachbuch 9090)

Falter (Hg.)
Wien *Ein Reisebuch in den Alltag*
(rororo sachbuch 7563)

rororo anders reisen wird herausgegeben von Till Bartels. Ein Gesamtverzeichnis der Reihe finden Sie in der *Rowohlt Revue*. Vierteljährlich neu. Kostenlos. In Ihrer Buchhandlung.